偏差値35から
東大に合格してわかった

頭がいい人は
○○が違う

Nishioka Issei
西岡壱誠

日経BP

はじめに

みなさんは、「頭をよくする」ことって、できると思いますか?

多くの人が、よく「私は頭が悪いから……」と、いいます。頭が悪いから、勉強ができない。頭が悪いから、いい大学に行けない。頭が悪いから、いい会社に入れなければ、出世もできないし、難しい話はわからない。

こういった発言には、次のような前提が見え隠れしていると思います。

「頭のよさとは、先天的なものである」

「頭がいい人と悪い人は、生まれたときから決まっていて、バカな人はバカなままである」

つまり、後天的に「頭をよくする」なんて、無理。

ですが、僕はそんなことはないと思うんですよね。

僕は高校2年生のときの偏差値が35で、そこから2浪して東大に合格した人間です。僕みたいに「頭が悪かった東大生」は、僕だけかと思いきや、そんなことはありませんでした。僕の周りには、高校まで勉強が全然できなかったけれど、東大を目指して、合格したという人が数多くいます。そう考えると、「頭のよさ」って、ある程度、自分の意志と努力で「作れる」ものだと思うんです。

そして今回、僕がこの本を書こうと決意したのは、ある「問い」に対する答えを、自分のなかで出したかったからです。その問いとは……

「頭がいい人とそれ以外の人では、何が違うのだろう?」

という問いです。

「頭がいい人の条件」というのは、多くの人にとって興味あるテーマではないかと思いますが、僕にとっては、ひときわ切実な問いでした。なにしろ偏差値35から東大を目指し、2浪したのです。合格するまでの約3年間、「頭がいいほかの受験生と、そうでない自分の違い」について、嫌でも深く考えさせられました。いろんなことに当時、気づかされた気がします。けれど、何がどう違うのかを、具体的かつ体系的に語れるほどに、その違いは自分のなかでクリアになっていませんでした。

　東大入学後、僕は「頭がいい人の条件」について、さらに深く考える機会を得ました。それは、漫画『ドラゴン桜』の続編、『ドラゴン桜2』に編集協力する東大生メンバーの一員に加わったことです。

『ドラゴン桜』は、「おバカ」が集まる龍山高校から東大合格者を出すというストーリーの人気漫画です。その続編を編集するにあたって、「今の東大合格者のリアルに迫る」というのが、僕らの大事な仕事でした。だから、何百人もの東大生に取材して、彼ら彼女らの勉強法や思考法などを調べました。『ドラゴン桜2』がドラマ化（日曜劇場「ドラゴン桜」）されたときも、「東大監修」として、脚本を監修したり、ドラマに登場する生徒たちが実践する勉強法を提案させていただいたりしました。

　その過程で起業し、現在は、株式会社カルペ・ディエムの社長として、教育事業を手掛けています。最近では、タレントの小倉優子さんの大学受験をサポートする、チーム「ドラゴン桜」にも加わりました。

　そんな活動を通して、「頭がいい人とそれ以外の人との違い」が、自分のなかで少しずつくっきりしてきた気がします。だから、長年考え続けてきた「頭がいい人の条件」を、今こそ明らかにしようと思って、この本を書くことにしました。要点を凝縮して、コンパクトに、わかりやすく紹介していきたいと思います。

僕の仮説が正しいとするなら、このようにして**「頭がいい人の条件」を明らかにできれば、それらをマネることで、後天的に「頭をよくする」という試みに、大いに役立つはず**です。

僕の考える「頭がいい人の条件」を説明するために、この本では漫画『ドラゴン桜』からたくさんの場面を引用しています。**偏差値35から東大に合格した僕は、「リアル・ドラゴン桜」**なので、『ドラゴン桜』を読んでいると、「ああ、そうなんだよ。こういうところが重要なんだよ」というシーンが、たくさんあります。ふと読み返したら、僕がうまく言語化できずにいたところを、桜木建二先生が見事に代弁してくれていた、なんてこともよくあります。

やっぱり『ドラゴン桜』って、「頭のよさの本質」がギュッと詰まっている作品なんですね。だから、この本では、僕の解説に漫画を重ねる2段構成で、後天的に「頭をよくする方法」について、考えていきます。

最初にまず、頭がいい人の「アタマの使い方」を解説します（第1章）。その後、

「行動習慣」（第2章）と「心の動かし方」（第3章）を解説します。

「頭がいい人の条件」なのに、「行動」と「心」の話をするなんて、おかしいと思うかもしれませんが、そんなことはないんです。

頭というのは、使い方次第で、頭の使い方とは「思考法」です。

例えば、脳の容量が大きければ、多くの情報を蓄え、活用できるというものではないですよね。大きなタンスさえあれば、多くの服を所有して、お洒落になれるわけではないのと、同じだと思います。服を上手に整理しているから、同じタンスの大きさであっても、多くの服が入るし、上手に組み合わせられるのではないでしょうか。**頭がいい人とは、頭のなかの「整理」が上手な人で、普通の人とは「思考法」が違います。**

第1章では、そんな観点から、頭がいい人に特徴的な「思考」に迫ります。

けれど、**どうすれば、自分の「思考」を変えて、頭をよくできるのでしょう？**

頭のなかで考えているだけでは、難しいところがあります。そんなときには、**「行動」から変えてみる**という方法があります。例えば、辛いことがあって、つい悲観的になってしまうときでも、無理にでも口角を上げれば、少し前向きになれたりしますよね。

そこで第2章では、頭がいい人に見られる「行動」の特徴から、頭をよくする方法を探ります。

「心」を変えることもまた、「思考」を大きく変えてくれます。例えば、素直な心を持てば、情報の吸収が早くなり、新しい情報を吸収することで、「行動」も変わりやすくなります。第3章では、どのように「心」を動かすと、頭がよくなるかを考察します。

さて、ちょっと理屈っぽい話をしてしまいましたが、この本は、漫画を使って要点を凝縮した、気軽に読める1冊です。どこから読んでもいい構成になっているので、気になるところから楽しく読んでいただければと思います！

2023年4月吉日

西岡壱誠

第1章

頭がいい人の「アタマの使い方」

――「思考法」を変えれば、頭はよくなる

第2章

頭がいい人の「行動習慣」

——思考を変えるには、まず「行動」から

第3章

頭がいい人の「心の動かし方」

――「心」が変われば、思考と行動が劇的に変わる

本書は「日経ビジネス電子版」連載「元・偏差値35東大生が考える「頭がいい人は○○が違う!」」に大幅に加筆し、編集しました。

第1章

頭がいい人の「アタマの使い方」

「思考法」を変えれば、頭はよくなる

頭がいい人は

課題分解力

課題を分解する

――「何がわからないかが、わからない」という状態を非常に嫌う

「頭がいい人とそれ以外の人の違い」について、偏差値35から東大に合格して、漫画『ドラゴン桜2』の編集協力などをしてきた僕が、これまでに考えてきたことをお伝えする本書。最初のテーマは「分解力」です。

東大生を観察してきて、僕が気づいたのは**「頭がいい人は、分解して考える能力が高い」**ということで、今回はこの「分解」ということについて、お話ししたいと思います。

「英語の、何ができないんだい？」

いきなり「分解」といわれてもあまりよくわからないかもしれませんが、違う言葉でご説明すると**「細分化」「具体化」**のことです。頭のいい人は、勉強はもちろん、何に取り

組むときでも、自分の課題や悩み、弱点を「分解」して考える能力が高いです。

例えば、「自分は英語ができない」と悩んでいる生徒がいたとします。

僕はいろんな中学生や高校生の家庭教師をしてきましたし、今は講演などもしていて、そういった場で、こういう質問を多くもらいます。そのときに僕は必ずこう質問を返すようにしています。

「英語の、何ができないんだい？」と。

そうすると、多くの生徒たちが口ごもります。「なんとなく英語ができない」という感覚はあるのだけど、「英語の何ができて、何ができていないのか」を、詳しく答えることはできない。そういうことが、よく発生します。

逆にここで、「英単語を覚えるのが遅いです」とか「リスニングの問題でいつも間違ってしまっています」とか、自分の悩みを具体的に、細分化して答えられる生徒もいて、そういう生徒は、必ずといっていいほど、その後、成績が上がります。

なぜなら、**悩みが具体的な生徒というのは、悩みを僕に相談した時点でもう、やるべきことがわかっている**からです。「英語ができない」という「漠然とした問題」で悩んでいるときは、解決の糸口を見つけるのは困難です。問題がぼんやりしていたら、解決策もぼんやりしてしまいますよね。しかし問題が分解されて、「英語のなかでも英単語を覚えるスピードが遅い」というように具体化されていれば、「それなら英単語の暗記のスピードを上げる方法を考えよう」という感じで解決策も具体化しやすいものです。

「問題をきちんと述べられれば、半分は解決したようなものだ」というのは、とある米国の発明家の言葉ですが、まさにその通りで、問題を「分解」できれば大抵のことは解決するのです。

翻って偏差値35だったころの僕は、「わからない」と感じると、すぐに思考停止してしまっていました。

「わからないところがわからない」を嫌う東大生たち

東大生は「わからない」で思考を止めません。「わからない」を「わからない」の一言で片づけないのが東大生で、「何がわからないのか」を分解して考えるのです。

東大生は「わからない」という状態を非常に嫌います。

例えば、先ほどの「英語ができない」という高校生だって、英語の教科書や試験問題に書いてあることの何もかもすべてがわからない、なんていうことはないと思うんですよね。

例えば、アルファベットは全部書けるかもしれないし、「Hello!（ハロー！）」の意味はわかるとか。何かしら「わかる範囲」があるはずです。

東大生は、このような「わかる範囲」を足掛かりにして、「どこからがわからないのか」「何がわからないのか」を分解し、突き止めるというタスクに、粘り強く取り組みます。

試験問題に向き合うときもそうです。パッと見たとき、できなそうな問題があっても、東大生はすぐに「わからない」とあきらめてしまったりはしません。まず、「どこまでならわかるのか」「どこからがわからないのか」を明確にするのです。どんなに難しい英語の問題でも、日本語で書かれた問題文は理解できるでしょう。数学だったら「これはきっと、確率の問題だな」とか、どんな知識を使って解くのかはわかるということもあるかもしれません。どんな難問でも、まるっきり手も足も出ない、ということはほとんどないのです。

頭がいい人というのは、東大生が試験問題と向き合うときと同じで、仕事の課題でも、日常生活の課題でも、「わかる」と「わからない」を分解する思考訓練を、日頃から積んでいるものです。

それと比較して振り返ると、**「わからない」で思考停止していた偏差値35の僕は、要するに逃げていた**のです。

「わからないんだから、どうしようもない」というのは、「逃げ」なんですよね。

「わからない」ときには、「自分に何がわかっていないのか」を具体的に突き止めることが必要……。そのことに当時の僕も、さすがに薄々、気づいていたような気もします。けれど、「何がわからないかを突き止める」のが面倒で、見て見ぬふりをして逃げていたのだと思います。「わからないところがわからないんだから、どうしようもない」という思考に逃げこんでいたんです。

「だからあなたはバカなのだ!」

『ドラゴン桜』に、こんなシーンがあります。

「おバカが集まる」ことで知られる龍山高校に、国語特別講師として、芥山龍三郎《あくたやまりゅうざぶろう》先生が、赴任してきました。教え子は、ひょんなことから特別進学クラスに入った3年生の水野直美《みずのなおみ》と矢島勇介《やじまゆうすけ》の2人。倒産寸前の学校の再建を目指す弁護士の桜木建二《さくらぎけんじ》先生のムチャぶりで、東大現役合格を目指しています。

最初の授業で、「正しく読む」ことの重要性を説いた芥山先生。正しい読み方を勉強するために教室を出ようといって、水野と矢島を街に連れ出しました。

芥山先生は、街を歩きながら、2人にいろんな質問を投げかけます。

街の中
ブラブラして
なんの勉強に
なんの？
〝正しく読む〟のに
駅前で参考になる
ものなんて
あると思えねえな
いいえ　ありますよ
様々な物事から
様々な意味が
読み取れます
例えば
ほら……

「ドラゴン桜」第5巻・44限目「屋外での授業」

一方通行
そこにも……
御茶ノ水橋口
Ochanomizubashi Entrance
そこにも……
ええ？何？
ワケわかんねえよ
それでは……ここでひとつ私から問題を出しますからついて来て下さい
なんなんだよ……

JR 御茶ノ水駅
聖橋口
Hijiribashi Entrance
この改札の案内表示を見て下さい
日本語はもちろん英語・中国語韓国語で表記されていますね
聖橋口
さてこれはなぜでしょう
なぜって……
そんなもん……外国から日本に来る人が多くなったからに決まってんじゃん

「ドラゴン桜」第5巻・44限目「屋外での授業」

以前からでも外国から訪れる人はいたはずですよ特に東京には……
だから……前よりもっと多くなって……
案内板に外国語も書くようになったんだろ
聖橋口
Hijiribashi Exit
圣桥出口 히지리바시 출구
千代田
Chiyoda
タクシー
Taxi
それではなぜ外国人が多くなったのでしょう
ええ？いや……そりゃ……
多くなったというのは理由があるはずです原因はなんですか？
あ……サッカーのワールドカップとかあったじゃん韓国と共同でやったから それでよ
ならば中国の人はどうですか？
それは……中国の人も日本に遊びに来るようになったんじゃない？
それはなぜですか？

「ドラゴン桜」第5巻・44限目「屋外での授業」

駅の改札の案内表示に外国語があるという発見をきっかけに、芥山先生は「なぜ」をしつこく問い続けます。

すると矢島が逆ギレします。駅の案内表示に外国語があろうとなかろうと「どうでもいいじゃん！」と。

そんな矢島を、芥山先生は**「だからあなたはバカなのだ！」**と一喝します。

なぜでしょう？

思考停止がバカを生む

矢島がバカなのは、「どうでもいいじゃん」で投げ出して思考停止するからだ、と、芥山先生は説明します。これはまさに、「わからないところがわからない」で投げ出していた、偏差値35の僕と同じです。さらに芥山先生は、こう続けます。

「漫然と毎日を過ごして周囲に好奇心を抱かない」
「これでは、何ひとつ身につかない」
「そのような淡白な性格の人間には学問など無理」
「東大受験など即刻おやめなさい」

『ドラゴン桜』第5巻・44限目「屋外での授業」

……「淡泊な性格な人間」には、学問も東大受験も無理と、芥山先生はおっしゃるわけです。これは「分解して考える力」と結びついていると思います。漠然としたものを、漠然としたままにしないで、分解する。それには「しつこさ」が必要で、「しつこく分解する習慣」というのが、頭のいい人とそうでない人を分ける、大きな要素です。

でも、考えてみてください。「しつこく分解する習慣」って、生まれつきの才能とは違いますよね。誰だって、いつからでも、自分の頭をよくすることはできるんです。

「どうでもいいじゃん……」
そこで投げ出して思考停止するからです
『ドラゴン桜』第5巻・44限目「屋外での授業」

目標分解力

頭がいい人は

目標も分解する

――「2重目標」で、メンタルに保険をかける

「頭がいい人とそれ以外の人の違い」について、引き続き、「分解力」の話をします。

僕が東大生を取材してきてわかったのは、頭がいい人は、どんな課題でも分解して捉えようとする思考習慣が身についていること、という話をしました。例えば、英語が苦手だとしても、漠然と「英語がわからない」と悩むのではなくて、「英単語を暗記するのが遅い」けれど「文章の構造を理解するのは早い」といった具合に、**自分にとって「わかる部分」と「わからない部分」に分解していく、という思考習慣**です。

この分解力は、頭がいい人とそれ以外の人の違いとして、とても重要だと僕は考えています。だから、しつこいようですが、この話をさらに分解してみようと思います。

例えば、ノート。東大でも最難関の理科3類に合格した片山湧斗くんは、受験生時代に**「わからない分解ノート」**というノートを作っていたそうです。

「わからない分解ノート」の1例

「数学の点数が伸びない」理由を分解したら?

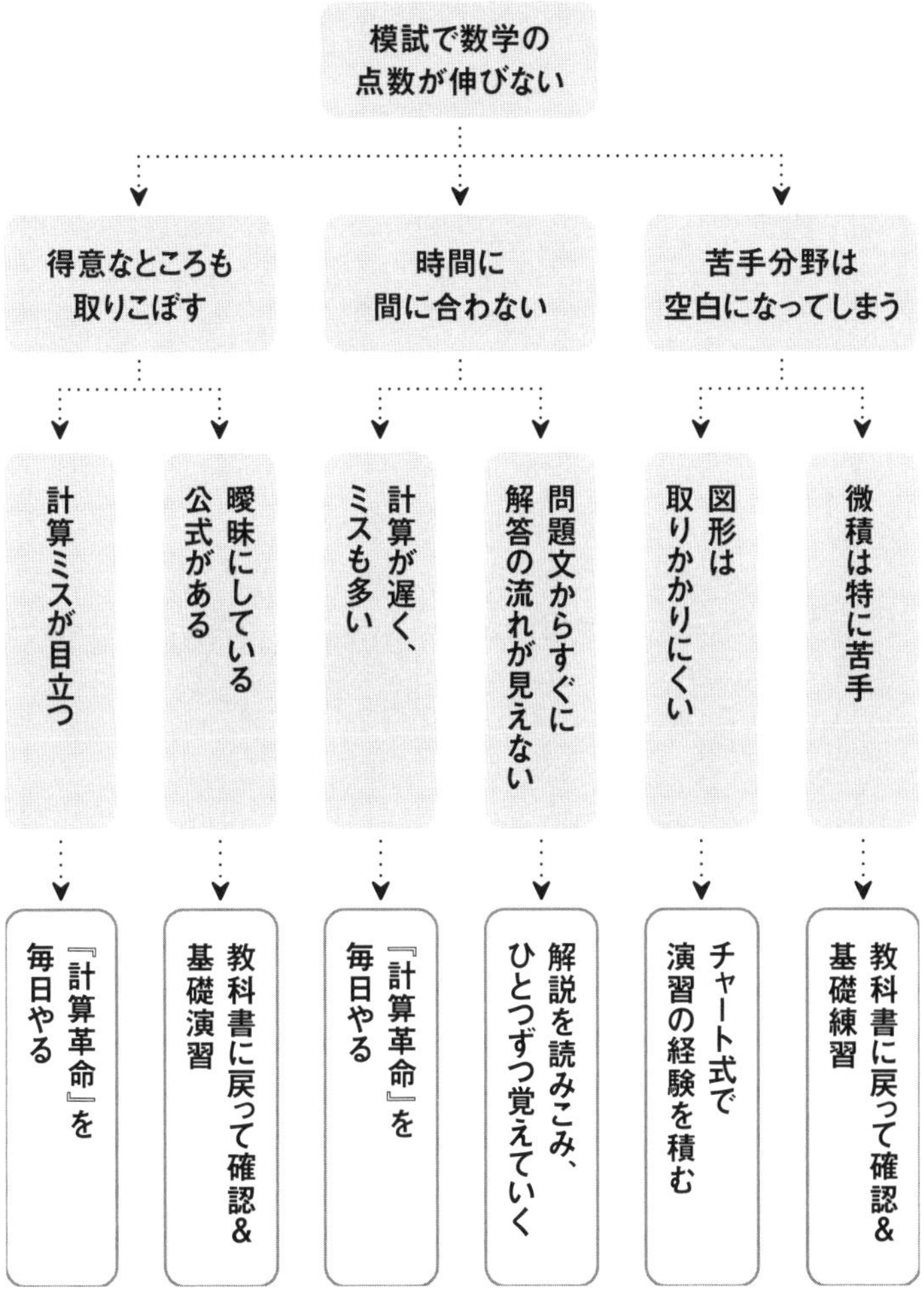
模試で数学の
点数が伸びない
得意なところも
取りこぼす
時間に
間に合わない
苦手分野は
空白になってしまう
計算ミスが目立つ
曖昧にしている
公式がある
計算が遅く、
ミスも多い
問題文からすぐに
解答の流れが見えない
図形は
取りかかりにくい
微積は特に苦手
『計算革命』を
毎日やる
教科書に戻って確認&
基礎演習
『計算革命』を
毎日やる
解説を読みこみ、
ひとつずつ覚えていく
チャート式で
演習の経験を積む
教科書に戻って確認&
基礎練習

東大生が作った「わからない分解ノート」

どんなノートなのかというと、前ページの図のようなイメージです。

このノートでは、「数学の点数が伸びない」理由を、「苦手分野の存在」「時間が足りなくなる」「得意分野の取りこぼし」という3要素に分解したうえで、そこからさらに理由を深掘りしています。**いわゆる「ロジックツリー」**ですね。

それぞれの要素について、ロジックツリーで原因を探ると、具体的な解決策が見えてきます。例えば、「特に苦手な微分は、教科書に戻って基礎問題をやってみよう」「計算が遅くてミスが多いから、計算に特化した問題集をやってみよう」など（片山くんのノートにある『計算革命』とは、駿台受験シリーズの『数学の計算革命』です）。

このように、東大生にはひとつの課題に対して、複数の原因を挙げて分解するという思考習慣を持つ人が多くいます。なぜそうなるかと考えると、東大の入試問題を解くトレーニングのなかで「分解力」が身につき、鍛えられているケースが多くあります。

国立大学の2次試験は論述問題が多いのが特徴で、東大はその筆頭です。論述問題の採点は、「満点は10点！　この答えが書けたら10点でそれ以外は0点！」というふうには決まりません。「○か×」かの二者択一ではなくて、「ここまで書けていたら2点」「ここまでだったら4点」「ここまでできたら8点」というように、「わかっている範囲」に応じて階段のように点数が与えられることが多いです。部分的でもいいから、わかるところを考えて、答案に書いていれば部分点がもらえる、という形式なのです。

こういう問題に対処しようとすると、おのずと、自分にとって「わかる部分」「わからない部分」を分解するような思考を身につける必要があり、日々その訓練をすることになるわけです。だから東大生の場合、受験を通して分解する能力が高くなっていることが多い、ということです。

このような思考習慣は、入試以外の場面でも応用がききそうですよね。

「2重目標」を知っていますか?

東大生の分解力といえば、もうひとつ、「2重目標」を立てる習慣がある人が多いです。

「2重目標」は、『ドラゴン桜』にも登場します。理科特別講師の阿《あ》院《いん》修《しゅう》太《た》郎《ろう》先生が、井《い》野《の》真《ま》々《ま》子《こ》先生に、アドバイスをするシーンです。

ここで阿院先生は、目標が三日坊主になる理由を述べられています。

二重目標？
そうでヒ
目標を立てるときは二重に準備するといいのでヒ…
普通は誰もが「○○を○○だけやるぞ」と目標を立てます
「物理の問題を毎日15問解くぞ」というようにね

『ドラゴン桜』第12巻・109限目「二重目標」

『ドラゴン桜』第12巻・109限目「二重目標」

なぜ僕たちが目標を達成することが難しいのかといえば、それは**「理想」と「現実」に大きなギャップがある**からです。

理想的な目標は達成するのが難しく、途中であきらめてしまいがちです。だからといって、現実に沿った目標だと達成できても成長の幅は小さくなってしまいます。

この問題を解消するのが、2重目標であるというわけですね。具体的には、次の2種類に分解して目標を設定します。

- 低い目標……達成可能な、現実的な目標。最低目標とも呼ぶ。
- 高い目標……達成不可能かもしれない、理想的な目標。最高目標とも呼ぶ。

この2つの目標に分解して考えることで、理想と現実の問題を解消できます。**現実的な目標をクリアできれば、一定の達成感が得られます**。いわばメンタルに保険をかけるようなものです。その**達成感を土台に、より難しい目標に意欲的にチャレンジ**していけます。難易度が異なるゴールを意識することで、目標の高さや、達成に必要な努力の程度も、より具体的にわかるようになります。

このように私は
常に理想と現実の
バランスを取るよう
心掛けているのでヒ

『ドラゴン桜』第12巻・109限目「二重目標」

論述問題に取り組むときも、いきなり完璧を目指さなくていいのです。最初は部分点を確実に取るところから始めて、モチベーションと実力を高めていくのがいいと思います。

目標に数字を入れれば、行動しやすい

そして、この2重目標を作るときのコツとして、東大生がよくやっているのが、数値化です。低い目標にも、高い目標にも、具体的な数字を必ず入れるということです。

例えば、「数学をもっと勉強しよう」とか「英単語をたくさん覚えよう」というような目標では、2重目標になりにくいですし、なかなか努力に結びつきません。

だからこそ東大生は、どんな課題に対しても、具体的な数値化を試みます。これも目標の分解です。この問題集を「1日5ページ」はやりたいとか、「1日30分」やるとか、練習問題を「1カ月に100問」解きたいとか、ページ数や時間、問題数などを基準に、具体的な分量に落としこみます。

そのうえで分量に幅を持たせれば、2重目標の完成です。例えば「1日3ページ以上、7ページまでの範囲で頑張ろう！」といった目標を作るわけです。

具体的な数字があるほうが、人間は頑張りやすいです。

例えば、みなさんは運動をするためにジムに行ったことがあるでしょうか？　ジムでは大概、何キロのダンベルを持ち上げたとか、何キロメートル走ったとか、何回腕立て伏せをしたとか、何キロ体重が減ったとか、そういう数字が記録されて、管理されています。そういう数字があると、次の目標設定がしやすいですよね。「20キロいけたから、次は30キロだ！」「10回できた！　次は15回！」というように、**「今の目標」に具体的な数字が入っているからこそ、「次の目標」も決めやすく、成功体験も得やすい**のです。この理屈は、ジムだけではなく、あらゆる分野に当てはまります。

やるべきことを数字に落としこんで、具体的にしていく。こういう「分解力」も頭のいい人の特徴だといえます。悩みや課題を分解していく能力があれば、さまざまな局面で応用し、悩みを目標に変えて行動を起こし、結果につなげていくことができるのです。そして、それは確かに「能力」ではありますが、普段から習慣化していくことで、誰でもいつからでも身につけることができるものだと感じます。日々の生活のなかでぜひ「分解」を意識していただければと思います。

二重目標…
これは使えるわ
例えば…
英単語を覚えるのに
最低でも10個…
理想は50個…
この間ならＯＫ…とかね

『ドラゴン桜』第12巻・109限目「二重目標」

疑問力

頭がいい人は

「なぜ？」が多い

――「育ちのよさ」が有利に働く理由と、その乗り越え方

みなさんは日常生活において「なぜ？」と感じることはありますか？

頭がいい人ほど「なぜ？」が多いと、僕は感じます。もっといえば、「なぜ」を「なぜ」で終わらせず、そこから仮説を立てて、検証し、理由を突き止めるということを、マメにやっています。頭がいい人とそうでない人とを分けているもののひとつに、この「なぜ？」という疑問の質と量があると思うのです。

人間、生きていれば、普通に生活しているだけでも、疑問に感じることや、不思議に思うことはたくさん出てくるはずだと思います。しかし、多くの人は、自然に湧き上がる「なぜ？」を無視してしまいます。せっかく「なぜ？」と思っても、次の瞬間には、「そんなこと考えても仕方ない、何の意味もない」と、思考停止してしまったりします。そんなふうに考えてしまっている人は、自分で自分の頭をよくする機会をみすみす逃しているのか

もしれません。

分解力でも取り上げた、芥山先生の叱咤激励を思い出してください。

「だからあなたはバカなのだ！」

こんな厳しい言葉を、芥山先生が矢島に投げかけたのは、どんなタイミングだったでしょうか？　思い出してみてください。

「円安の影響」を今すぐ説明できますか？

そうです。東大を目指す矢島と水野に、駅の案内表示に外国語があることを指摘し、「なぜか？」を、尋ねたときのことでした。しつこく問われてキレた矢島に、芥山先生が投げかけた言葉は強烈ですが、的を射ています。**「なぜ？」を考えるのが面倒になった瞬間、僕らは確実に、頭が悪くなっていきます。**


では、日常生活において、僕らのなかから「なぜ？」が出てくるのは、どんなときでしょうか？　例えば、テレビでニュースを見ているとき。「円安によって家計の負担が増加」と聞いて、「なぜ？」と一瞬、思ったりしませんか？

円安というのは、円の価値が下がるということ。とすれば、例えば1ドルのコーラがあったとして、これまでは110円で買えたのが、140円かかるようになるようなもので、コーラが値上がりするのと一緒。こういうことが、コーラだけでなく、いろんな商品で起きるわけだから、確かに家計は苦しくなる……。こういう理屈をパッとわかって、納得できているという人は、意外に多くないと思います。納得できていなくても、「テレビでそういっているし、そういうもんなんだね」という感じで流してしまって、深く考えていない人も結構いるんじゃないでしょうか。

あるいは、街を歩いているとき、わりと近い距離に同じチェーンのコンビニがあるのを見かけて、「なぜ、こんな近い距離に2つもお店を出しているんだろう」などと疑問に感じたことはありませんか。ちょっと調べてみれば「ドミナント戦略」というマーケティング用語に出合ったりします。けれど、仕事で必要にでもならないかぎり、**「ちょっと調べてみる」ということをする人はあまり多くない**と思います。

円安の意味を一瞬、立ち止まって考えなおす。なんでコンビニが密集しているのかを、興味本位で調べてみる。こんなふうに、毎日、何かしらの「なぜ?」をつかまえて考えていると、自然と新しい知識が頭に入ってきて、勉強になります。そして何より、先生や親にいわれなくても、自分からいろんなことを考え、学ぶことができる人になっていきます。

「頭のよさ」というのは、こうして身についていくものです。

わかったよ
では
続けましょう
いいですか
……
このようなちっぽけな
案内表示ひとつでも
ここから
いろいろなことが
推測できます
聖橋口
Hijiribashi
日本語と英語のみの
案内板のほうが
この駅に多いことから
4ヵ国語表示の
案内板は新しいと
推測できる

『ドラゴン桜』第5巻・44限目「屋外での授業」

僕が東大生と接していて、一番「頭がいいんだな」と思うのは、一緒に勉強しているときとか、宿題のレポートを見せてもらったときとかではありません。実は、ただなんとなく一緒に街を歩きながら、しゃべっているときです。この人たちは、普段からこんなに「なぜ？」に気がついているのかと、驚かされます。

正しく読解するには、「なぜ？」が必要

最近、冷凍餃子の自動販売機をよく見かけるようになったが、これは感染症が流行しているからではないかとか、畑にソーラーパネルがたくさん置いてあって、どうやらこの地域は太陽光発電が盛んなようだとか、東大生は街の小さな変化や違いに敏感です。

変化に気づくとさらに、「なぜ、増えたのだろう？」「本当に、盛んなのだろうか？」「本当だとすれば、なぜだろう？」などと、疑問を見つけてはそれについて考察しながら歩くのです。

その姿はさながら、「外国語がある案内表示から推測できること」を解説する、芥山先生のようです。「なぜ？」から始めて、さまざまな考察を繰り広げるのが東大生で、芥山先生も同じです。

中国・韓国人が増えたのは最近だとさらに推測できるではなぜ増えたのか？両国の経済が発展して旅行者が増えたのかもしれない
だとすると昔と比べてどれくらい経済は発展したのかそれによって日本はどう影響を受けたのか
それを知りたい調べてみて自分なりの論理を構築してすっきりしたい
これが知的好奇心を満たすことであります
推測することで一枚の表示板だけからでも世の中のいろいろな動きを読み取ることができるのです
ああ……そういうことかこれが要するに……

『ドラゴン桜』第5巻・44限目「屋外での授業」

そう……〝正しく読む〟ということを推測して読み取るのです
ふうん……読むって文章だけじゃないんだね
KFC
ですから机に向かって書物を読むだけが勉強ではありません
こうして街に出て世の中を見渡してみる

すると社会には様々な疑問があります
なぜ日本の車は左側通行なのか
景気が良くなったり悪くなったりするのはなぜか
品物を売買して利益を生む仕組みはどうなっているのか
このように世の中にはたくさんの〝なぜ〟があふれている

『ドラゴン桜』第5巻・44限目「屋外での授業」

普通の人は、仮に「なぜ？」と思っても、深くは考えずに放っておいてしまいがちです。「まあ、いいか」「考えてもわからないし」などと、疑問をそのままにして忘れてしまうのは、僕自身の自戒もこめて、よくあることだと思います。しかし、**東大生は、街歩きの途中に見つけた「なぜ？」にきちんと向き合います**。仮説を立てたり、仮説を検証するための検索をしたり、謎を解くのに役立ちそうな問いを立てたりするなどして、「なぜ？」の解決までたどりつこうとするのです。

この力こそが、頭のよさの土台です。好奇心旺盛であると言い換えてもいいでしょう。芥山先生は、**「なぜ？」から始まる推測が、「正しく読む」ことにつながる**といいます。正しく読むとは、書いてある内容と筆者の意図がしっかり把握できる読み方。そして、筆者の意図を把握するには、文章を読みながら、「なぜ？」と筆者に問いかけ、その答えを推測する姿勢が欠かせない、ということです。

国語だけでなく、理科の勉強でも、「なぜ？」の力が重要であると『ドラゴン桜』は説いています。

理科特別講師の阿院先生は、理科嫌いの矢島と水野に、理科の面白さを伝えるため、精子と卵子の受精の話をします。そこになんと、芥山先生が〝参戦〟します。

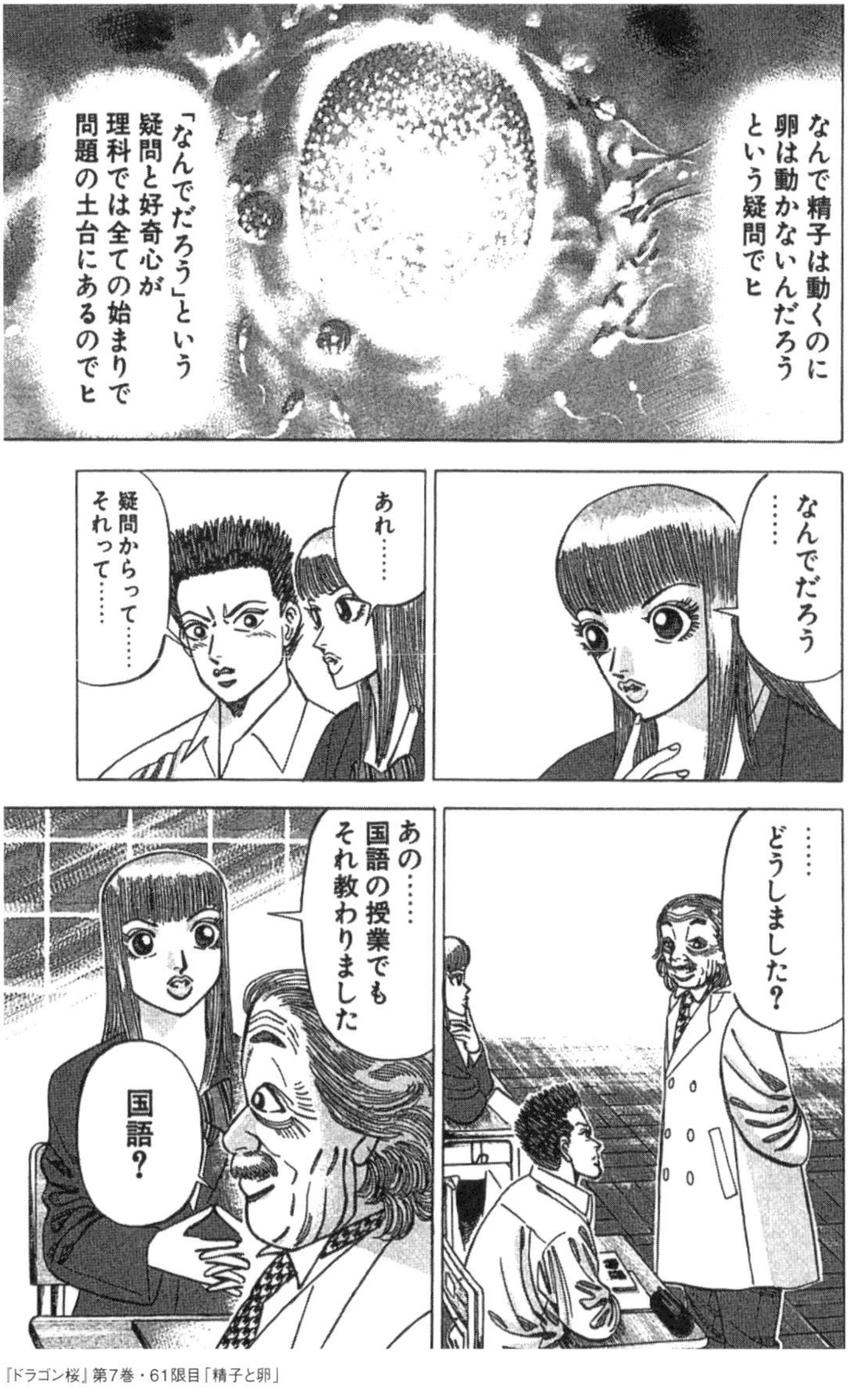

なんで精子は動くのに
卵は動かないんだろう
という疑問でヒ
「なんでだろう」という
疑問と好奇心が
理科では全ての始まりで
問題の土台にあるのでヒ
なんでだろう
……
あれ……
疑問からって……
それって……
……
どうしました?
あの……
国語の授業でも
それ教わりました
国語?

『ドラゴン桜』第7巻・61限目「精子と卵」

ものごとを「正しく読む」
それはなぜという疑問から出発するって
そう！
まさにそのとおり！
これは感激でヒ！ここでこのような素晴らしい国語の先生とご一緒できるとは
こちらこそ……
まさにすべての学問はこの「なぜ」の疑問を解き明かしたいを土台にしているのでヒ
つまり理科も国語も土台は全く同じということなのでヒ！

国語と同じって
聞くと
なんか気が楽に
なるよね
ああ……
とにかく
取っ掛かりが
ないとな……
わかりやすい実例で
もっと深く追究
してみましょう
水《みず》野《の》さん……
推理小説を読みだすと
やめられなくなるのは
なんででしょう？
それは……
事件を起こした
犯人が誰か
知りたいから……
ふむ……
犯人を知りたい
それもある
でしょう
しかし
読者がもっと
気になっているもの
それは……

『ドラゴン桜』第7巻・61限目「精子と卵」

なぜ犯人は殺人を
犯したのか……
その動機……
理由が最も
知りたいのでヒ
これは科学者が
研究に
はまるのと同じ
その現象が起こる
理由が知りたい

理科とは自然現象の理由を調べる学問でヒ
全てのものに理《ことわり》がある
謎に思える自然現象も筋道立てて説明できる答えが必ずある
その答えを見つけて関係なく思える出来事を一本の線で結ぶことができた時
とても気分がいい快感を得られるこれが理科の楽しさなのでヒ

『ドラゴン桜』第7巻・61限目「精子と卵」

推理小説を読み終えた時のようにね
そうかあ……
たしかに……理科って小学生の3〜4年までは　すごく好きだったなあ
図鑑とか読むのすげえ楽しくて……
理科の勉強が教科書の説明を読んでそれをただ覚えるだけになってしまったらつまらないのは当然でヒ
でもその説明を読む前になんでだろうという疑問を思い浮かべると説明も面白くなる重要なのはそういう癖《くせ》をつけること

『ドラゴン桜』第7巻・61限目「精子と卵」

理科の面白さは推理小説と同じ。つまり、「なぜ？」を解明するのが、理科の面白さ。そればかりか、「なぜ？」を解き明かしたい気持ちは、理科にかぎらず、すべての学問の土台であり、「理科も国語も土台は全く同じ」なのだと、阿院先生は教えてくれます。

さて、東大生たちはいつ、この「なぜ？」の力を身につけているのでしょうか？　もちろん、大学に入ってから身につけたわけではありません。受験生活中からこの知的好奇心を生かして勉強をしてきたのです。

僕もそうでしたが、東大に合格するとよく、「受験生のときは1日に何時間くらい、勉強していたの？」と聞かれます。「東大に入るくらいだから、1日10時間くらい勉強していたんじゃないか」と思うかもしれませんが、実はこれは間違いです。確かに、机に向かっていた時間は1日10時間くらいという人もいますが、そもそも**東大生たちにとって、勉強時間は「机に向かっている時間」だけではない**のです。

先ほども述べたように、頭がいい人は朝、起きぬけにニュースを見ているときも、通学途中も、帰宅途中も、ありとあらゆるところで「なぜ？」と考え、その答えについて考察しています。そうなると、あらゆる場面が学びの場になります。

つまり、1日24時間のうち、睡眠時間が8時間だとしたら、それを除く16時間は、ずっと勉強していたといっても過言ではありません。どんなときでも、どんな場所でも、最大限に知識を吸収しようとする姿勢こそ、頭がいい人を、頭がいい人たらしめている習慣のひとつです。

このように、常に好奇心旺盛でいること、知識に貪欲であることは、できれば幼少期から身につけておきたい習慣です。

子どもの読解力のために、親ができること

『ドラゴン桜』のなかに、桜木先生が水野の「思考力の弱さ」について、考察する場面があります。

水野が書いた小論文を初めて読み、あまりのレベルの低さにショックを受けた桜木先生。その原因は、幼少期の母親、父親とのコミュニケーションにあると芥山先生はいいます。

水野はシングルマザーの母と二人暮らしで、母が営む小料理店に住んでいます。母の恋人も出入りする自宅兼店舗には、どこか荒んだ空気も感じられます。そんな実家から「自分の力で出ていく」というのが、水野が東大を目指す強いモチベーションになっています。

そんな水野の幼少期の環境が、思考力の形成にマイナスに働いたというのは、なぜでしょうか？　その理由を芥山先生と桜木先生が解説します。

これは
ショックだな……
まだまだ
子供の作文だ……
計算問題の反復
には慣れたが
自分の頭で
ゼロから生み出すと
この有り様か
思考力をはかるには
文章を書かせるのが
一番ですが
水野《みずの》さんのレベルは
いまひとつですね
思考力は
幼児期の
知的な環境も
大きく影響します
からね

『ドラゴン桜』第5巻・47限目「桜木の説得」

と言います と……
当然のことだが 学力は生まれつきの 知能だけで決まる わけではない
成長期における トレーニングの 質と量が 大きくかかわって いる
トレーニングの 質と量……
特別なもので ある必要はない 日常生活で 充分実行できる
そのひとつは ズバリ
母親 父親との コミュニケーション だ

子供の疑問を鋭いと
よく言うが
では子供の思考は
鋭いのか
英和
答えは
ノーだ……
子供は
深く考えて
疑問を持つ
わけでない
大人は
持っている知識と
情報を基に
ものを考える
だが子供は
情報がまだない
白紙の状態だ
だから子供が
まずするのは
情報の吸収だ
疑問は思いつきで
口にするにすぎない
疑問を発しても
自分の考えが
あるわけではなく
子供は情報を
無批判に吸収して
しまう
子供の視線は
大人と違うから
大人には
疑問が鋭いと
感じられる

『ドラゴン桜』第5巻・47限目「桜木の説得」

子供は自分で考えるのがまだ苦手だ子供の思考は鋭くない
だから子供の疑問は単発で続きがない思考がまだしっかりと伴っていないからだ
ここで親がしっかり手助けするかどうかが分岐点
助けてやると子供の思考力は自然と身についていく
そのキーワードが「なぜ」……ねえ芥山《あくたやま》先生
そうです親子の会話に常に「なぜ」があるようにするといいのです

『ドラゴン桜』第5巻・47限目「桜木の説得」

要するに「なぜ？」の考察が、幼少期から習慣化されていれば、考える力が身につくということです。

型を学べば、「なぜ？」が深まる

しかし、そのような環境に恵まれずに育った人は、水野にかぎらず、多くいます。「なぜ？」が大事といわれても、すぐに「なぜ？」が思いつかないとしたら、そういう事情も関係しているかもしれません。

そうだとしても、あきらめる必要はありません。大人になってから、「なぜ？」の力を鍛える方法も、たくさんあります。芥山先生は、**「なぜ」を起点とした、議論の「型」を身につける**ことを、水野に勧めていました。こんな「型」です。

STEP1：「なぜ？」に対して、自分なりの意見を述べる
STEP2：自分の意見に対し、予想される反論を述べる
STEP3：その反論を否定して、自分の論理の正当性を証明する

このような型を使って、議論したり、小論文を書いたりすることは、「なぜ」の力を高めるトレーニングになります。

通常　母親は
会話の中で
命令調が多くなる
「～してはいけません」
「～しなさい」
しかしこれでは
子供の思考は
遮断され
先に進まない
そこで「なぜ」という
疑問で　思考に
連続性を持たせる
ようにする
「食事を全部食べなさい」
ではなくて
「なぜ食事を残してはだめ
と言うと思う？」と
問いかけるのです
子供が答えたら
また問いかけるのです
「お米を作った人は
残されたと思うとどんな
気持ちかな？」など
そうした会話でも
深くじっくり考える
クセをつけられるし
好奇心も刺激される

『ドラゴン桜』第5巻・47限目「桜木の説得」

僕のお勧めは、**「なぜ?」がテーマの本を読む**ことです。「なぜ○○は××なのか?」といったタイトルの本は人気があって、多く出ています。

「なぜ?」の力が伸びる本

代表格は、『さおだけ屋は なぜ潰れないのか?』(山田真哉著/光文社新書)。潰れそうで潰れないさおだけ屋さんなど、身近な「なぜ?」を起点に、会計学を学んでいくベストセラーです。

『ニュースの〝なぜ?〟は世界史に学べ』(茂木誠著/SB新書)は、「ウクライナ紛争が起きたのはなぜか?」といった、ニュースから生まれた「なぜ?」を、歴史を振り返って探るという人気シリーズ。

いずれも中身を読まなくても、疑問の投げかけとともに、それについての答えを知るヒントが本のなかにあると教えてくれるタイトルです。

高橋書店の「楽しく学べる」シリーズも、『たのしい! かがくのふしぎ なぜ? どうして? 1年生』など、「なぜ? どうして?」を強調したタイトルで人気がある、子ども向けのシリーズです。ほかにも池上彰さんが監修された『なぜ僕らは働くのか』(Gakken)

など、「なぜ?」をテーマとした本は多彩です。

僕は子どものとき、『週刊そーなんだ!』(デアゴスティーニ・ジャパン)シリーズを愛読していました。科学や社会の不思議について、さまざまな「なぜ?」を交えてわかりやすく解説してくれるこの雑誌は、世の中のさまざまな物事をもっともっと知りたいと思うようになる原点だった気がします。

「なぜ?」は、あらゆる科目の土台です。僕が特に好きな科目は地理なのですが、「地上の理《ことわり》」と書いて「地理」と読みます。それは地球上で起こっている現象や事象、人間の営みの理由について学ぶから「地理」と書くのです。

そもそも勉強すること、つまり学問とは、「なぜ?」の連続で成り立っているようなものです。

入試で急増する「なぜ?」型の出題

東大の入試でも、「理由を説明せよ」といった形で「なぜ?」に答えさせる問題が多く出題されます。それは、自ら疑問を提起し、仮説を立てて解決を目指せるような人材を求めているからだと思います。

ちなみに、**「なぜ?」型の出題は近年、東大にかぎらず、中学、高校も含めたあらゆる入試のトレンド**になっています。

「なぜ、鎌倉幕府は鎌倉に置かれたのか?」

「なぜ、猪の肉を『ぼたん』、馬の肉を『さくら』、鹿の肉を『もみじ』と呼んだのか?」

「自転車のかごに入れたボールと水筒は、急ブレーキをかけるとどう動くか? またそれはなぜか?」

など、日常生活のなかにあふれる「なぜ」が問題になっています。

右に挙げた3問のうち、最初の「鎌倉幕府が鎌倉に置かれた理由」は、中学受験でも高校受験でも、いまや定番の出題です。あとの2つは、私立中高一貫校の名門、麻布中学の入試問題からです。

頭がいい人とそうでない人の違いは、常に「なぜ?」を頭のなかで巡らせているかどうか。「なぜ?」を通じて、新しい知識に貪欲でいるかによる。そんな話を今回はしました。

頭をよくするには、常に好奇心旺盛でいることがとても重要なんですね。逆にいえば、毎日、特に何を考えるということもなく、ただ流されて思考停止していては、頭はよくなりません。みなさんもぜひ、「なぜ?」をたくさん考えて、楽しく、賢く、毎日をすごしていただければと思います!

質問力

頭がいい人は

すぐネット検索する

——「調べればわかる」ことなら、すぐ調べればいいだけ

「頭がいい人」の条件として「人間性」を挙げたら、みなさんはどう思うでしょうか？

おそらく多くの人が「何をいっているんだ？」と思うでしょう。けれど、僕が偏差値35から2浪して東大に合格したプロセスを振り返ると、やはり「頭のよさ」の土台として「人間性」は欠かせないと痛感します。

少なくとも僕の経験では、**東大受験で結果を出すには、人間性が求められました。**

東大受験の結果は、ペーパーテストで決まります。ペーパーテストでの点数で合格か不合格かが決まるわけですから、そこに人間性なんて入りこむ余地はない……そんなふうに思う人も多いでしょう。

けれど、違うんです。

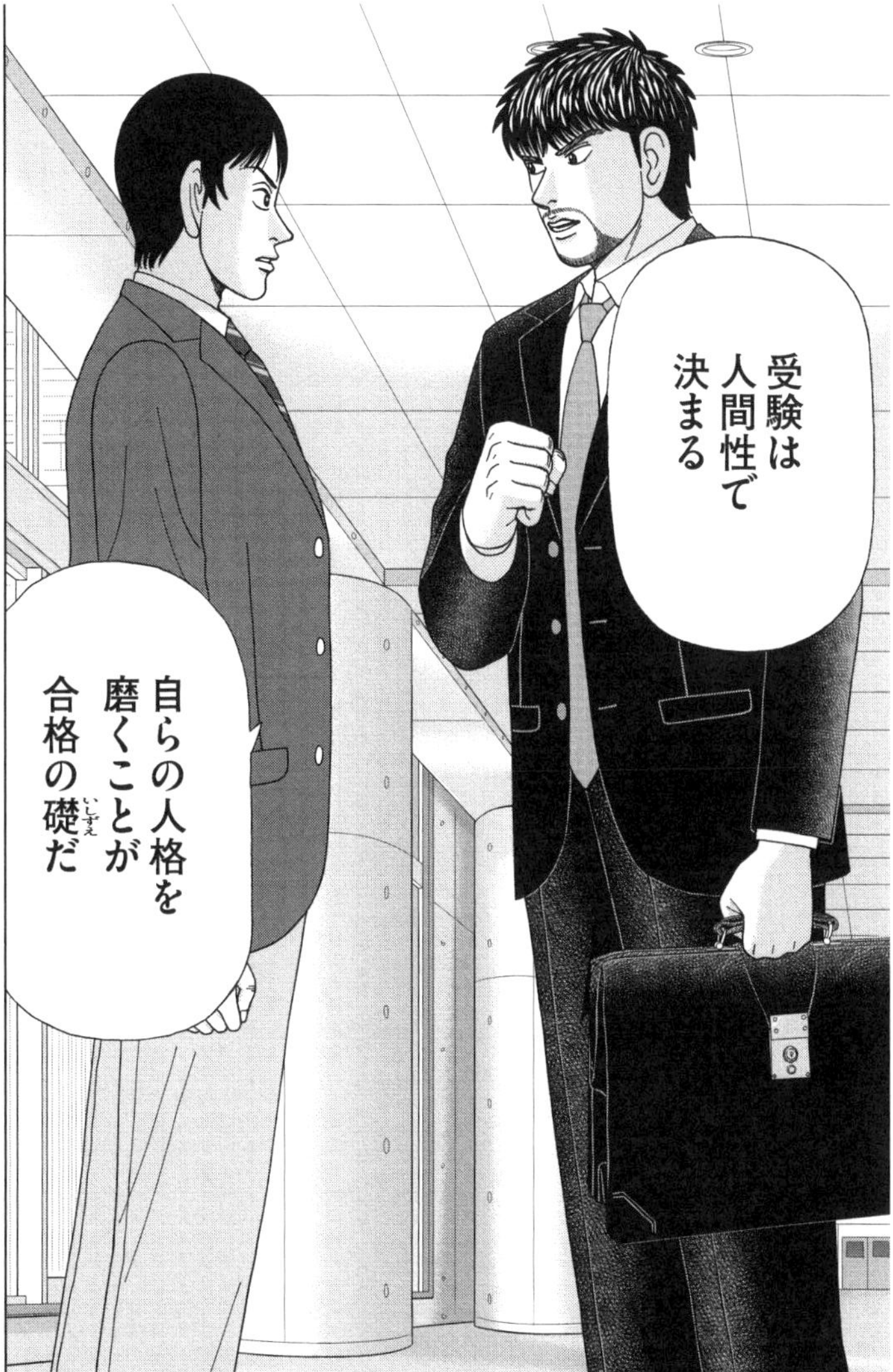
受験は人間性で決まる
自らの人格を磨くことが合格の礎《いしずえ》だ

『ドラゴン桜2』第4巻・24限目「百回受けても」

まず前提として、勉強というのは「わからない」ことを「わかる」ようにしていく行為であり、「できない」ことを「できる」ようにしていく行為です。つまり、自分の知らないことを知り、わからない問題を理解し、解けなかった問題を解けるようにしていく。これが勉強の基本です。

そしてそのためには、**自分がわからないこと、できないこととしっかりと向き合っていかなければなりません**。

何を当たり前のことを、と思うかもしれませんが、そもそもこの当たり前のところでつまずいていることって、多いんです！

例えば、みなさんは1日に何回、「自分がわからないこと」を調べていますか？

人の話を聞いたり、本を読んだり、仕事をしたりしているなかで、「これってどういうことなんだろう？」という疑問に向き合い、きちんと調べている人って、意外に少ないのではないでしょうか。

わからないことは、たくさんあるはずです。

人の話を聞いていて、出てきた言葉の意味を知らないこともあれば、話の流れがよく理解できないときもありますよね。本を読んでいてひとつも疑問を持つことなく最後まで100％完全に理解できた、なんてことは、どんなに頭がいい人でもないと思います。仕事でも「あれ？」と思ったりする場面って、ありますよね。

「あれ？」と思ったときにネットで検索するくらいなら、大した手間ではないですが、案外、やらない人が多いものです。さらに一歩踏みこんで「じゃあそれについて調べてみよう」とか、「ちょっと誰かに質問してみよう」と、行動を起こす人となったら、なおさら少ない気がします。東大生は、調べますし、聞きます。

頭が悪い人ほど「質問しない」

僕が東大に入って一番驚いたのは、授業が終わると、かなり多くの学生が、先生のところに質問に行くということです。頭がいいはずの東大生が、「ここがわからなかったです」「ここは、どういうことですか？」と、自分の疑問を次々にぶつけている様子に驚かされました。そして、それを見ていて考えたのは……

「偏差値35だったころの自分には、できないことも、わからないこともいっぱいあったけれど、先生のところに質問に行ったことは1回もなかったな」ということ。

それで頭がよくなるわけがないんですよね。

では、なぜ、質問したり、調べたりしないのでしょうか？

わからないことを質問したり、調べたりしないのには、いくつかの理由があって、**シンプルに面倒臭くてアクションを起こせない**ということもありますし、恥ずかしいというのもありました。けれど何より、**自分の弱点に向き合うのが辛い**というのが大きかったと思います。

「藤井遼」の本質的な課題とは？

「できない」「わからない」というのは、要するに自分の弱点であり、ダメなところです。自分のダメなところを自分で認めて、しっかり向き合うというのは、なかなか大変なことで、素直で謙虚な心がないと、うまくいきません。

素直で謙虚というのは、知力ではなく、人間性の問題ですよね。

僕は東大入学後、漫画『ドラゴン桜2』の編集協力メンバーとなりました。この漫画で東大を目指す高校生のなかに、藤《ふじ》井《い》遼《りょう》というキャラクターがいます。2021年に放送されたドラマ（日曜劇場「ドラゴン桜」）では、鈴鹿央士さんが演じて、話題になりました。

藤井は**「生まれ持った知力は高いけど、性格が悪い」**という設定のキャラクターです。

藤井の課題について、桜木先生と担任の水口圭輔《みずぐちけいすけ》先生が話すシーンがあります。

日頃から持てる知識を活かして自ら考える力を養っている生徒が東大の問題に答えることができるのだ
環境問題
貧困
食糧不足
藤井は地頭《じあたま》がよく知識の吸収は速く蓄積量も申し分ない
しかしその活かし方が身についていない
環境問題
貧困
食糧不足
それを妨げているのはあいつの性格だ
性格？

『ドラゴン桜2』第12巻・91限目「これっぽっちも」

水口《みずぐち》先生……
思い当たる
フシがあるだろ
たしかに……彼は
素直に学ぶ姿勢に
欠けていて
もう少し
勉強に対し
真摯《しんし》な態度で
臨めばと思います
注意は
したのか?
いえ……
何を遠慮している
あいつがトップだからといって
腫れ物に触るような扱いは
すぐにやめろ

『ドラゴン桜2』第12巻・91限目「これっぽっちも」

藤井には素直に学ぶ姿勢が欠けていると、水口先生はいいます。そして、そんな藤井は「自分のダメなところ」と向き合うことができません。模試のD判定にも納得できません。

僕は今まで多くの受験生と関わらせていただいてきましたが、こういう人って非常に不合格になりやすいんです。ささいなケアレスミスが多かったり、先生が指摘してくれていた弱点を弱点のまま積み残してしまったりして、いつまでも成績が伸び悩むというケースがかなりあります。

「他者評価」を嫌がる人は、伸びない

藤井もそうですが、「素直に、自分のダメなところと向き合う」ことができない人の特徴に、**他者から評価を受けるのを嫌がる**ということがあります。**模擬試験の結果を素直に受け止められない**というのは、そうですよね。

受験生にとって模試というのは、非常に役立つ、欠かせないツールです。模試は、自分のできないところを教えてくれます。自分がどこまでわかっていてできて、どこからできないのかを、データで教えてくれるわけです。そうやって「ここができてない！」とわかるから「ここを復習しよう！」「次に生かそう！」と思えて、成長して、今より頭のいい

自分になれるのですよね。

そんな模試の結果と向き合えないというのは、受験においては致命的な問題ですが、その問題の本質は、「他者から評価を受けるのを嫌がる」ことにあるのです。

評価をするのは、自分ではなく他人

そもそも、受験でも仕事でも、自分の評価を決めるのは、自分ではありません。テストでは採点する人がいて点数が決まり、仕事では顧客や上司などの評価によって、自分の仕事の客観的な価値が決まるのですよね。「自分は頭がいい！」と思っていても、評価する人がそう思わなければ、不合格になりますし、「自分は仕事ができる！」と思っていても、顧客や上司がそう思わなければ、意味がないわけです。そうである以上、他者が自分のことをどう思っているのか、どう評価しているかというのは、耳を傾けるべき重要な情報ですよね。

優れた経営者の話などを本で読むと、自分の哲学やアイデアを他者と共有し、フィードバックを得るということをしていたりします。自分の考えだけで突っ走って、独りよがりにならないように、他人に意見を求めて、自分の至らないところは修正していこうとして

『ドラゴン桜2』第12巻・90限目「模試の判定」

いるのだと思います。

一方で、つかみかけた成功が遠のいてしまう人というのもいて、その原因は、他者からの評価を嫌がることにある気がします。「自分の道は自分で切り開く！」という意気込みがあるのは素晴らしいことですが、だからといって「他人からどう思われたっていい！」と考えてしまうのは、どうかと思います。

……と、偉そうに書いてきましたが、性格が悪い藤井の姿は、かつての僕です。『ドラゴン桜2』の担当編集として、僕が三田紀房先生に「西岡壱誠は、なぜ2浪したのか」をプレゼンして生まれたのが、藤井というキャラクターです。

『ドラゴン桜2』には、藤井の態度の悪さに、担任の水口先生がキレるシーンがあります。授業中にほかの教科の内職をする、ちょっと成績が上がっただけで鼻にかける、他人をバカにする……。実はこれ、僕自身の現役生のときの態度です。やっぱりそれでは成績は上がらないし、東大合格なんてとても無理というのが、僕の実感です。今思うと、素直さ、謙虚さが足りなかったな、と反省します。

他者の声にきちんと耳を傾ける素直さを持つ。他者からのフィードバックをきちんと受け入れる。これらは人間性の問題でありながら、受験で成功するのに必要な非常に重要なポイントです。仕事で結果を出すのにもきっと必要ですよね。

D判定で
ガッカリしたろ
なんで
知ってんだよ！
模試は学校で
申し込んでるからな
全員の成績は
把握している
別に
どってことねえよ
たまたま今回は
調子が出なかった
だけだ

『ドラゴン桜2』第12巻・91限目「これっぽっちも」

「頭がいい人」は、素直で謙虚でなければ結果が出せないことをわかっていますし、素直で謙虚だから学びが深まり、どんどん賢くなっていくのだと思います。

教育の世界で注目を集める「非認知能力」

素直さや謙虚さというのは、ペーパーテストの点数では測れません。こういう能力を、教育学の世界で「非認知能力」と呼び、今、注目を集めています。一方で、テストの点数のように数値化ができる能力のことは「認知能力」と呼びます。

非認知能力について研究する岡山大学の中山芳一准教授によれば、世界各国での研究から「非認知能力には、認知能力を支える役割がある」ことがわかっているそうです。つまり「非認知能力が高ければ、認知能力も高くなりやすい」ということですね。

言葉を換えれば、受験勉強で結果を出すような「頭のよさ」も、やっぱり「人間性」に支えられているのです（認知能力と非認知能力の関係については、中山准教授と僕の共著『東大メンタル』に詳しく書きましたので、ご興味のある方は、ご参照ください）。

今回は「頭をよくしたいなら、人間性を高めなければいけない」というお話で、僕自身の自戒をこめて書かせていただきました。素直に謙虚に生きていきたいものですね。

ああ
なんでも言えっ！
この際 全部
話してやる！
お前の学習態度が
問題なんだよ！
授業中
他の教科の内職を
平気でする！
教科書そっちのけで
参考書や問題集に
頼ってる！
成績がいいことを
鼻にかける！
人をバカにする！
そんなヤツは
東大に落ちる！
これは受験の世界の
絶対的法則なんだよ！

『ドラゴン桜2』第12巻・92限目「本物の優しさ」

自己分析力

頭がいい人は

自分の弱みをよく探す

――弱点は対策ができた時点で、弱点でなくなる

みなさんは、自分のことをよく理解できているでしょうか？

……と聞かれると、たぶん多くの人は悩むと思います。理解できているような気もするし、もしかしたらそうでもないかもしれないし……。どちらともいえない感じになるのではないでしょうか。

僕もそうです。自分のことだからやっぱり自分が一番わかっているような気もしますが、他人からいわれて初めて「ああ、ひょっとしたら自分にはこういうところがあるのかもしれない」と理解が深まった経験もあります。自分と他人、どちらのほうが自分を理解しているかと聞かれても、どちらとも一概に答えられない人が大半だと思います。

そのうえで、僕は思うのですが、もしかしたら「頭がいい人」とは「自己理解ができている人」のことをいうのかもしれません。

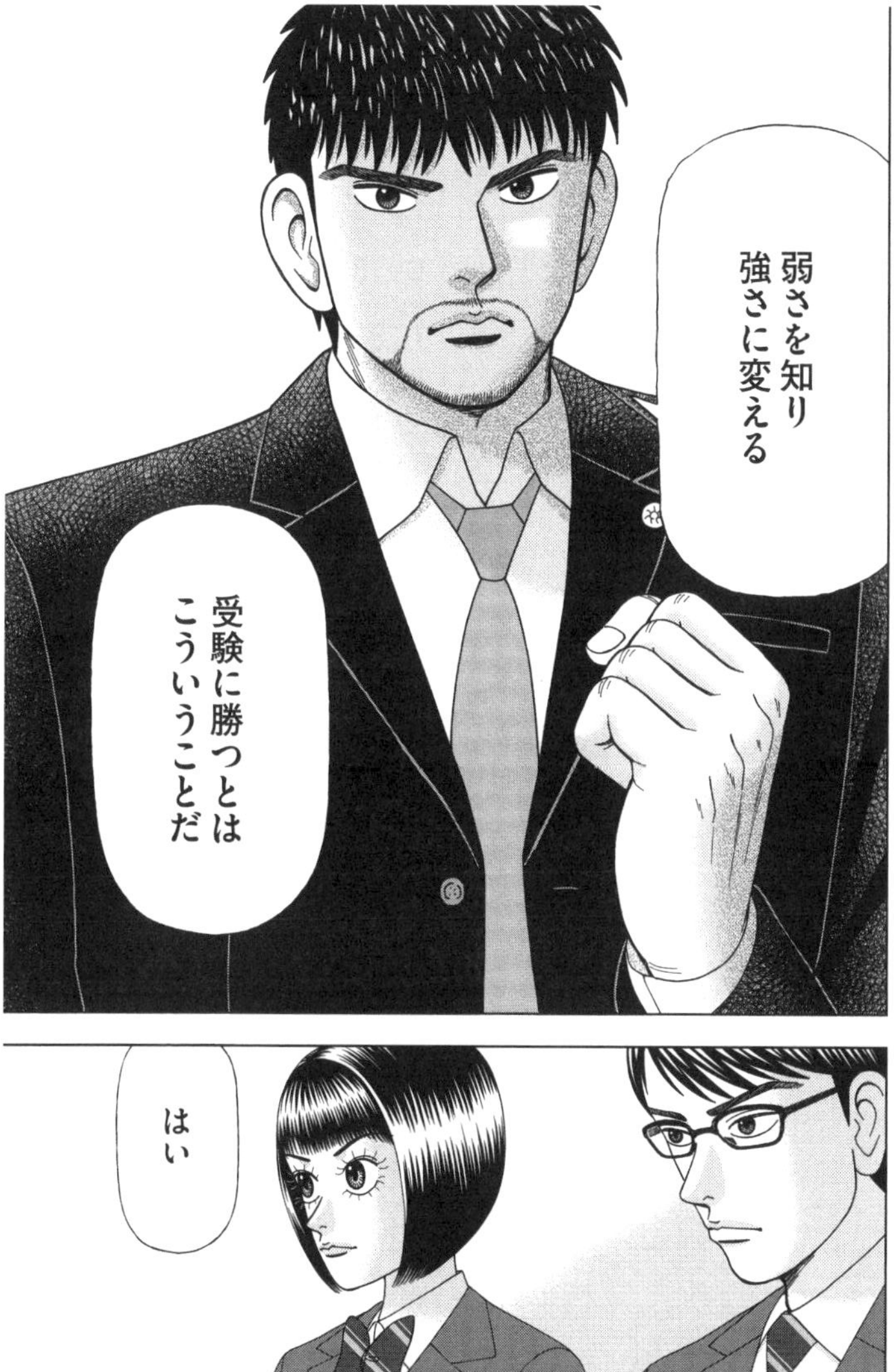
弱さを知り
強さに変える
受験に勝つとは
こういうことだ
はい

『ドラゴン桜2』第3巻・16限目「自分と向き合う」

『ドラゴン桜2』には、ずばり「自分と向き合う」というタイトルの回があり、そこで桜木建二先生は、こう断言します。

弱さを知り、強さに変える。それが受験に勝つということ――。

この指摘は、深いと感じます。

僕は偏差値35から2浪で東大に合格した人間です。東大に合格するような「頭がいい人」というのは、どんな人かと思って周囲の人たちをずっと観察してきました。その経験から申し上げれば、東大生は、驚くほど自分の弱点に自覚的です。

「自分はこういうダメなところがあるから、ここで助けてほしい」

東大生と付き合っていると、こういうことをはっきりと言葉で伝えられる場合が多くあります。

「え！　頭がいい人って、弱点なんかないんじゃない？」と思う人もいるかもしれませんが、意外とそんなことはありません。普通に「朝が弱い」とか「飽きっぽい」とか「人前で話すのが苦手」とか、いろんな弱点を持っています。

でも、**自分の弱点を理解しているからこそ、弱点に対応する方法を考え、開発している**

のが「頭がいい人」たちの特徴です。朝が弱くても、目覚まし時計をかけて起きられるなら、なんら問題はありませんよね。モーニングコールを頼んでもいいでしょう。飽きっぽいなら、夏休みは友だちと約束して自習室で一緒に勉強するとか、人前で話すのが苦手なら、プレゼンでは台本を書く側に回るとか……。

弱点は、自覚した時点で半分解決している

弱点がわかっていれば、弱点に対応する手段は結構、思いつくものです。弱点は、自覚した時点で半分は解決するようなところがあります。

ですが、「これが弱点だ」と自分がわかっていないことには、対応のしようがありません。自分は「朝にはちゃんと起きられる」と思いこんでいる人は、モーニングコールを頼もうとは思わないですよね。自己理解が及ばず、弱点を弱点と認識できないばかりに対策が立てられず、成果が上がらない。こういう事態は往々にしてあることです。

仕事でもそうだと思いますが、受験勉強でもよくあります。例えば自分では「得意だ！」と考えている分野の成績が意外と低かったり、自分が「苦手だ……」と思っている部分が意外とできていたり。人間というのは思いのほか、主観と客観があべこべになることが多

い生き物です。

模試の成績表だって、ぼんやり眺めているだけでは、どの分野ができていて、どこの分野に不足があるのかを深く理解することはできません。その分析が甘いままに猛勉強しても、成績は上がりにくい……ということは、みなさん、おわかりいただけると思うのですが、現実にはよくやってしまいがちです。

そして東大生は、この主観と客観のズレを直す訓練をしています。

自分が得意と思っているこの科目は、本当に得意なのか？　苦手と思っているこの単元は、本当に苦手なのか？　それをしっかりと正しく把握できるように、常に訓練しています。

仕事にも使える「受験マトリックス」

頭がいい人たちが、得意分野と苦手分野を把握するためにしている工夫は、いろいろとありますが、その一例として今回、ご紹介したいのが「受験マトリックス」です。『ドラゴン桜2』に登場するツールで、編集協力メンバーの一人として東大生の仲間たちと一緒にアイデアを出しました。

どんなツールなのかは、この漫画を読んでいただくのが早いと思います。

できた
できなかった
得意
苦手
受験マトリックス
付箋《ふせん》 スマホ！
この三つが
成績大幅アップの
三種の神器!?
まず
このシートの
使い方を説明する
できなかった

『ドラゴン桜2』第3巻・16限目「自分と向き合う」

シートと付箋を配る

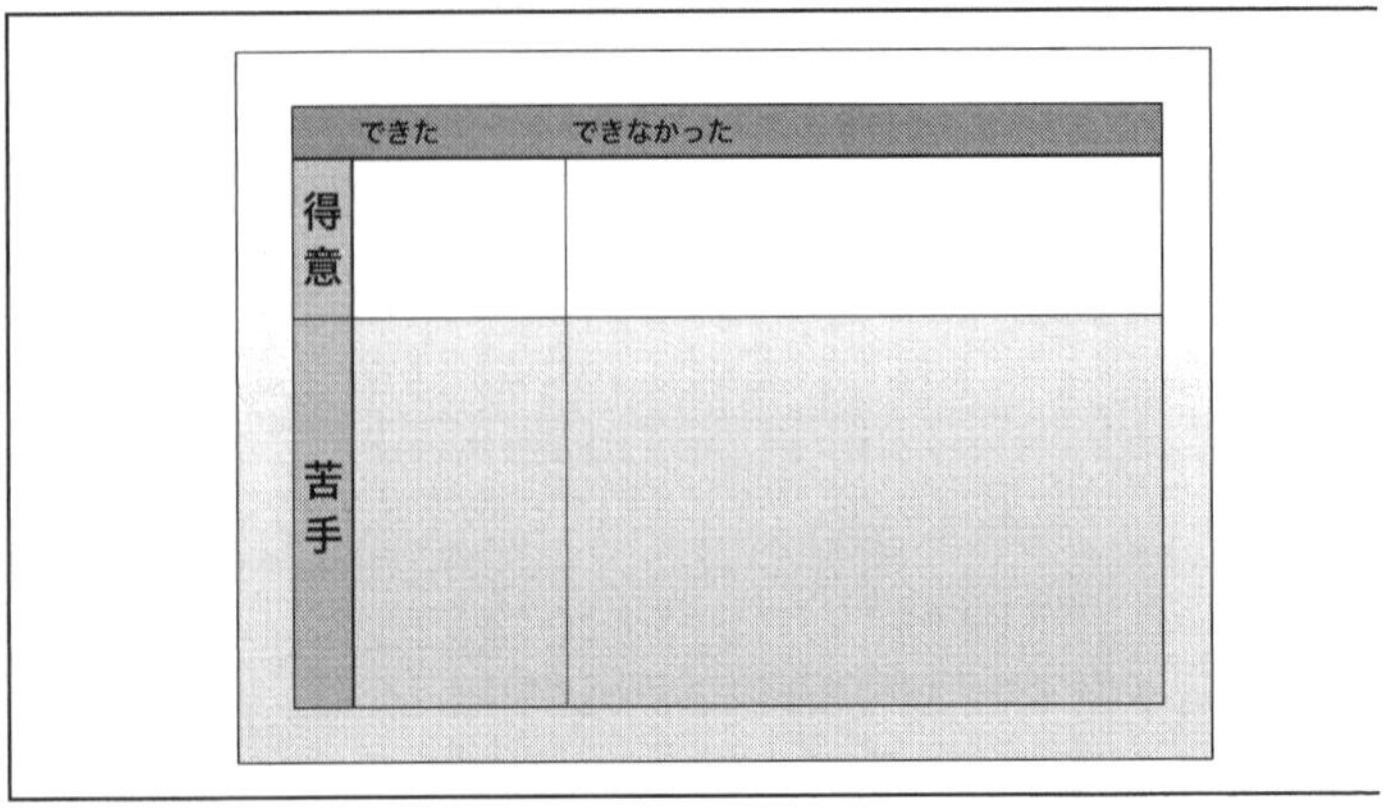
できた
できなかった
得意
苦手

センター試験の問題と解答を用意して……
できた問題とできなかった問題をチェックする

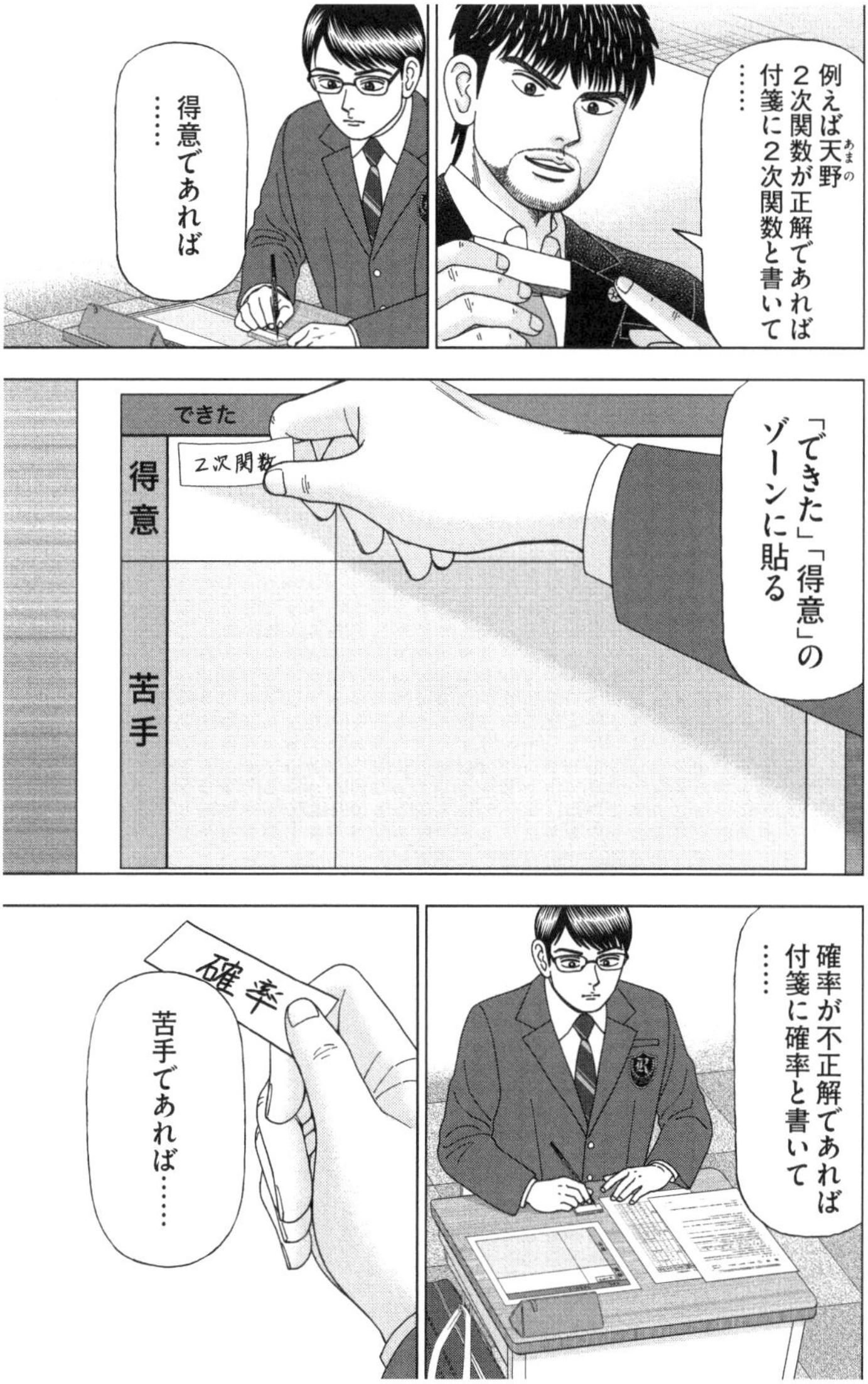
例えば天野《あまの》
2次関数が正解であれば
付箋に2次関数と書いて
……
得意であれば
……
「できた」「得意」の
ゾーンに貼る
できた
得意
苦手
2次関数
確率が不正解であれば
付箋に確率と書いて
……
苦手であれば……
確率

『ドラゴン桜2』第3巻・16限目「自分と向き合う」

できた
できなかった
2次関数
確率
苦手
「できなかった」「苦手」のゾーンに貼る
これを一問ごとに繰り返し 全問題をチェックしてシートを完成させる
やり方は簡単だろ
作業を全て終えると

こんなイメージだ
できた
できなかった
得意
苦手
2次関数
平面図形
場合の数
高次方程式
三角関数
論証・証明
命題と証明
確率
データの分析
論理と集合
できたらスマホで撮る
カシャ

『ドラゴン桜2』第3巻・16限目「自分と向き合う」

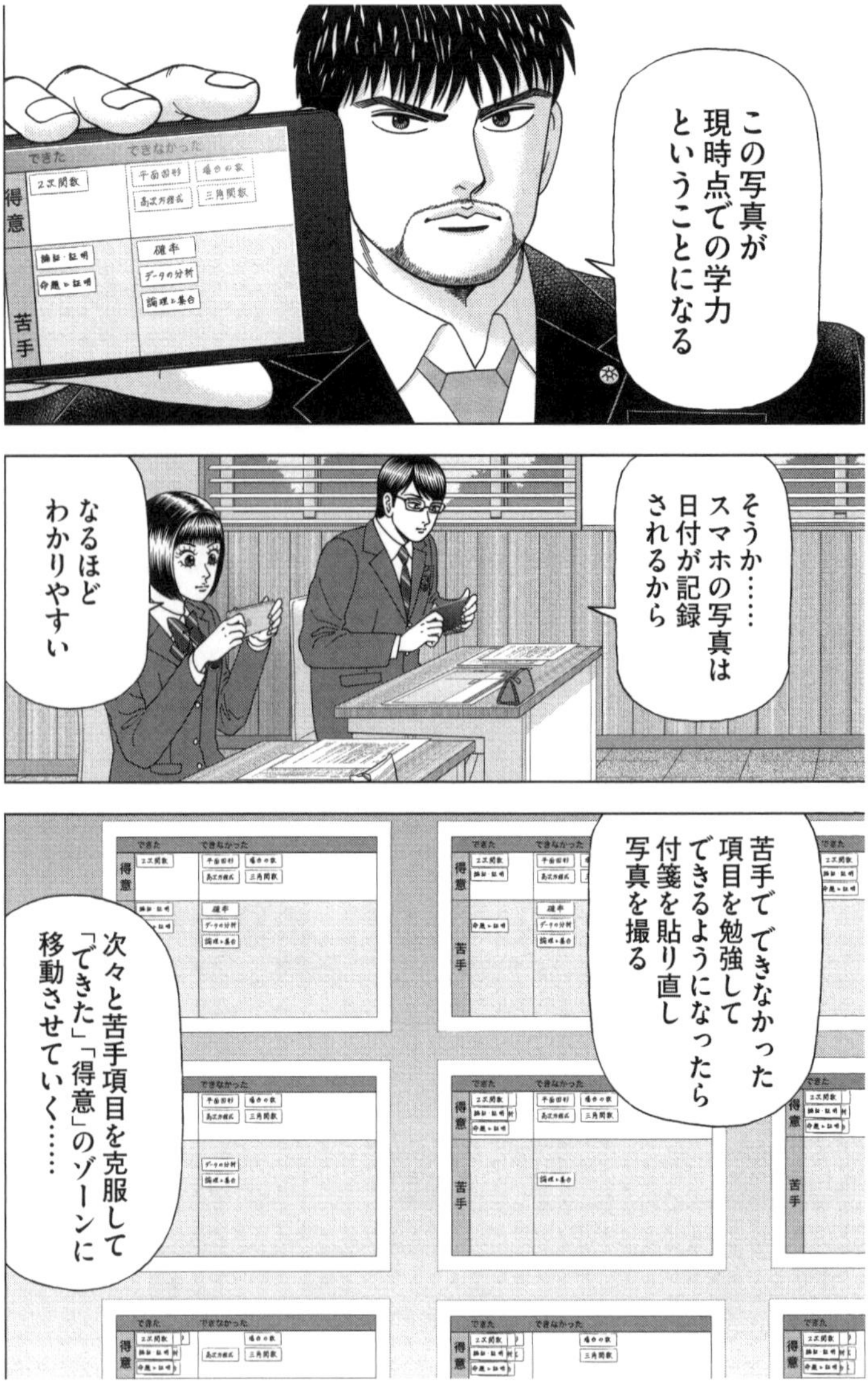
この写真が現時点での学力ということになる
できた
できなかった
得意
苦手
そうか……スマホの写真は日付が記録されるから
なるほどわかりやすい
苦手でできなかった項目を勉強してできるようになったら付箋を貼り直し写真を撮る
次々と苦手項目を克服して「できた」「得意」のゾーンに移動させていく……

『ドラゴン桜2』第3巻・16限目「自分と向き合う」

いかがでしょうか?

この方式のポイントは「分類の軸」にあります。桜木先生は、テストで解いた問題を、2つの軸で分類するように指示していましたね。

第1の軸が「できた/できなかった」。

第2の軸は「得意/苦手」。

「主観」と「客観」の2軸で整理しよう

この2つの軸の違いは「客観」と「主観」です。

主観的な「得意/苦手」と、客観的に「できていること/できていないこと」は、得てしてあべこべになりやすくて、それが仕事で成果が上がらなかったり、勉強で成績が上がらなかったりする原因になる。そんなお話を、先ほどしました。

そこで、**主観的に「得意/苦手」と思うものと、客観的に「できていること/できていないこと」を整理する**のが、「受験マトリックス」です。主観と客観を整理することの重要性を考えれば、勉強にかぎらず、仕事などさまざまな場面に応用できると思います。

ただし、仕事などに応用する際に難しいのは、数字で評価できないものがあることです。

数字で評価できない場合、客観的に「できていること／できていないこと」を、どう判定したらいいのでしょうか。

数字にできないときは「他人の評価」を聞く

僕のお勧めは、思い切ってこのマトリックスをほかの人に見てもらうことです。

「僕自身は、ここはできていないけれど、こっちはできていると思っているんだ。でも、君はどう思う？」と。

僕も実際に試してみてわかりましたが、やってみると意外にズレがあるものです。

「西岡くんは不得意といっているけど、そこはちゃんとできていると思うよ」

「苦手なのは案外、あっち系のタスクなんじゃないかな」などと。

こうして他人からフィードバックをもらうことで、客観的なデータが得られます。そして、自分の本当の弱点が可視化されていきます。

このマトリックスを作ることには、さらに大きな効能があります。

次にやるべきことの優先順位がつけられるのです。

マトリックスが完成した後の目標は、左上の「できた×得意」の領域に、いろんなことをたくさん書けるようになることです。つまり、それ以外の3つの領域に書いてあることを、左上の「できた×得意」な領域に移動させる努力が、次のアクションになります。

その際、どこの領域から手を着けたらいいでしょうか？　みなさんは、どう思われますか？　正解を示します。弱点の克服は、この優先順位でやるのが効果的ということです。

1番目：**「得意×できなかった」**

……**あと少しの努力で「できた」にできる**可能性が高い。だから、真っ先にやるとよい。

2番目：**「不得意×できた」**

……**自分が勝手に苦手意識を持っているだけ**で、努力すれば「得意」にできる可能性が高い。ただし、苦手意識の克服はラクではないので、時間がかかるかもしれないことはあらかじめ覚悟しておくといい。

3番目：**「不得意×できなかった」**

……**一番対策に時間がかかる**ところ。なので、仕事や受験における必要性を勘案したうえで、**もしかしたら捨てて（あきらめて）もいい領域かも**しれない。

『ドラゴン桜2』で、水野直美先生（『ドラゴン桜』では生徒）が、こう解説します。

「苦手」「できなかった」を克服するのは大変……
はじめにここでつまずくと勉強意欲が急激に下がってしまう
受験勉強にスムーズに入るためにはまず得意分野をがっちり固めること
取りこぼさない自信を植え付けること
「得意」「できなかった」で点数が取れない理由は単純明快
ミスをしてしまったから

『ドラゴン桜2』第3巻・18限目「ミスをなくせ!」

わかっているのに軽率に解答してしまった。こういうミスは試験では致命的な結果につながるから、まずこういう軽率な失点をなくすこと。わかっているところを確実に得点するのが、受験必勝の鉄則である……。水野先生は、こう指摘します。

「結果が出やすいところからやる」のが正解

要するに、「できていないところ」があるとき、ただ漫然と「できるようにしよう」と考えるのでは不十分で、間違いを分類して優先順位をつけよう、ということです。

水野先生が指摘する通り、「得意×できなかった」ところから着手すれば、結果につながりやすい努力ができます。逆に**一番やってはいけないのは、結果が出にくいところに時間をかけすぎてしまうこと**です。「やっても全然、成績が上がらないよ！」と嘆くうちにモチベーションが下がり、努力そのものが続かなくなることです。

結果につながりやすい努力を優先的にやっていくことで、仕事でも勉強でも目標を達成しやすくなっていくというわけですね。

主観と客観のズレを修正するのは、何にチャレンジするときにも大事なことだと思います。自分をより正しく知りたいものですね。マトリックスもぜひ使ってみてください。

情報収集力

頭がいい人は

合格体験記を熟読する

――「自分と似ている成功者」を探し、その情報を集める

みなさんは、これから何かひとつ新しいことを始めると決めたときに、まずは何をしますか?

例えば、これからダイエットを目的とした筋トレを始めるとしましょう。そこで最初にすることは何か、考えてみてください。

ジムに入会する、トレーニングウェアを買う、筋トレ道具を買う……など、いろいろな「第一歩」があると思います。

しかし、**どんなことを始めるにせよ、最初に踏み出すべき「第一歩」には、普遍的な正解があると思います。**そしてその正解は、東大生をはじめとする頭がいい人たちにとってごく当たり前の習慣です。みなさんは、なんだと思いますか?

正解は……**「同じことをやって成功した人のやり方を調べる」**です。

先ほどの例でいえば、筋トレでダイエットに成功した人を探し、その人のやり方を調べるのが、一般論としては正解だろう、ということです。

それでは、東大に現役合格した人たちが、東大を目指すと決めたとき、最初にしたこととは、なんでしょうか。

現役合格する人は、最初に○○を読んでいる

正解は「合格体験記を読む」です。僕が調べたかぎりでいえば、ほぼ全員が受験生時代、東大に合格した先輩たちの「合格体験記」を熟読していました。それも、わりと早いタイミングで読んでいました。

ただ読むだけではなく、数ある合格体験記のなかから「自分と近しい成功パターン」を探し、集めておくということをしていた人が非常に多かったです。

「自分と似たタイプの人が、どんなふうに東大に合格したのか」

そういったことを調べるところから始めていたわけですね。

『ドラゴン桜』に、桜木先生が、「知る者」と「知らざる者」の格差について語るシーンがあります。

『ドラゴン桜』第3巻・22限目「教科書で十分だ!」

桜木先生が、東大を目指す水野と矢島に渡して2人を驚かせた、あるもの。それが何かといえば、「東京大学新聞」です。

東大生が作っている新聞ですが、毎年秋に「受験生特集号」が出ます。これが受験生にとっては宝の山で、東大の先生が、入試問題の出題意図や対策を細かく解説していたり、合格した先輩が、受験生時代に実践した勉強法やお薦めの参考書を教えてくれていたりします。２０２２年秋にも出ているので、東大を目指す受験生の方は、ぜひ入手してください。

この新聞の存在を教えてもらって、水野と矢島は大喜びします。しかし、桜木先生は、学んだことはそれだけなのかと、2人に問いかけます。

桜木先生がいてくれてよかった。教えてもらえてよかった。そういうことでは、いつまでたっても「バカ」のままだと、桜木先生は2人を怒鳴りつけます。この情報を手にして、何を教訓として得たのか。それこそが大事なのだと。では、何を教訓とすべきかといえば……。

『ドラゴン桜』第3巻・23限目「東大新聞を読め!」

「知る者」と「知らざる者」に分かれるということだ
「知るか」「知らないか」
たった これだけの違いで 有利か不利かの 差が出るんだ
特
今回はたまたま 幸運にも知ることが 出来た もしこの ラッキーがなかったら その場合のこと 考えてみろ
…………

つまり……
「知らない」
ということは
実に恐ろしい
ことなんだ
バカ
逆に……
「知る」ということ……
その知識や情報は
幸せをもたらす　強力な
武器だということだ

『ドラゴン桜』第3巻・23限目「東大新聞を読め!」

「知らない」というのは恐ろしいこと。

「知る」ことは強力な武器。

桜木先生は、東大新聞の存在を知ったことを、「ああ、よかった」で終わらせてはいけないといいます。**「知らない」ことと「知る」ことの間に横たわる深い溝に、僕らは気づかなければいけない**、ということです。

小さいようで大きい情報格差

実際、大学受験ひとつとっても、知っているか知らないかで違いが出てくることってかなり多いです。

わかりやすいところでは、**受験会場がどのような場所かを事前に知っているかどうかだけでも、受験当日のパフォーマンスはかなり変わる**ものです。

例えば、駅から受験会場までの距離はどのくらいあるか。大学の教室が受験会場の場合、大学の正門までは駅から近くても、キャンパスが広くて、教室に着くまでに時間がかかることもよくあります。

それから机。1人1台なのか、横長の机を何人かで使うのか。隣の人との距離が近いと、鉛筆の音が気になるかもしれません。

空調の効き方も気になりますよね。同じ教室でも、席の位置によって寒い場所があるなら、羽織るものを用意するといいでしょう。トイレの場所もあらかじめ知っていれば、安心です。

受験会場だけでも、当日のパフォーマンスに影響を及ぼしそうな点はいくつもあります。こうしたことは、オープンキャンパスなどを利用すれば、実際に大学に足を運んで、調べておくことができます。それができなくても、ネット検索すれば、過去に受験した人がブログなどに書いてくれていることもあります。それこそ合格体験記に、この手の情報が落ちていることもよくあります。

あらかじめ情報を持っておけば、試験当日の緊張感がやわらぐのはもちろん、さまざまなリスクに対応できます。空調の効き方をはじめ、一つひとつを見ると小さいものかもしれませんが、知らない情報が積もり積もれば、結構なリスクになることがあります。それゆえに、「調べてわかることなら、すべて調べて知っておいたほうがよい」と東大生たちは判断するのです。

このように考えると、合格体験記の重要性がよくわかります。勝ちパターンを多く知ることで、自分に合うやり方を選択できるというのは、すでにご紹介した通りです。それに加えて、シンプルに「知っておいたほうが得」という情報も満載です。東大現役合格の最短ルートが、合格体験記を読むことからスタートするというのは、非常に納得できます。

要するに、頭がいい人というのは、情報収集をきっちりやっているわけですね。

頭がいい人は**「情報を知らない側に回ることの怖さ」「情報を知らないでいることの恐ろしさ」**をよく理解しています。

受験だけでなく、生きていれば、他者との競争は避けられません。大学受験も就職試験も合格者がいれば不合格者もいて、会社に入ってからも、昇進した人がいればしなかった人もいます。人間は常に誰かと競争しているといっても過言ではありません。

では、競争に勝つか負けるかは、何で決まるのでしょうか。

「努力の質」を決めるのは、情報

努力によって決まると、人は考えてしまいがちです。努力をするかしないか、あるいは**「努力の量」**によって、勝敗は決まるという考え方です。

ですが**「勝つための努力」自体は、みんながやっている**ものであり、実はそこではあまり差はつきません。

受験勉強でいうなら、毎日10時間勉強している人が、毎日8時間勉強している人に必ず勝てるかというと、そんなことはないですよね。毎日1時間しか勉強していないのに志望校に受かる人もいますし、毎日12時間勉強したって落ちる人もいます。

このような違いを、「努力の質」と呼ぶのかもしれません。けれど、**勝負を分けるその差を生んでいるのは、「情報の差」**なのです。「こういう問題が出やすいから、こういう対策をしておいたほうがいいよ」「こういう基準で採点をされるから、こういう部分に気をつけて解答を作るといいよ」といった、試験に関する情報をいかに集めておけるかが、的確な対策につながり、ときに勝ち負けの差に直結することもあるわけです。

投票に行かない人は、だまされやすい？

ここで少し違う切り口から、この「情報収集力」について考えてみたいと思います。なぜなら、今は世の中全体に「知らない」「わからない」ことを理由に、行動することを避けてしまう人が目立つ気がするからです。

例えば、選挙に行かない人って、多いですよね。それでいいんでしょうか。

桜木先生は、「お前ら　このままだと一生だまされ続けるぞ！」といっていました。

社会のルールってやつはすべて頭のいいやつが作っている

それはつまりどういうことか……
そのルールは頭のいいやつに都合のいいように作られてるんだ

『ドラゴン桜』第1巻・4限目「社会のルール」

逆に 都合の悪いところはわからないように隠してある
それでも頭を働かせるやつはそこを見抜いてルールを上手に利用する
例えば携帯電話……
え……
給与システム 年金 税金 保険……
みんな頭のいいやつがわざとわかりにくくしてロクに調べもしないやつから多く取ろうという仕組みにしている
つまりお前らみたいに頭使わずに面倒くさがってると……
一生 だまされて高い金払わされるんだ

『ドラゴン桜』第1巻・4限目「社会のルール」

情報収集力　頭がいい人は合格体験記を熟読する

社会のルールは、頭のいい人たちが作っている。だから、頭のいい人たちに都合がいいように作られていて、頭がよくない人たちにとって都合が悪いことは、隠されている。つまり……。

頭がいい人はだまされることなく、得して勝つ。
頭が悪い人はずっとだまされ、損して負ける。
だから勉強して、「頭がいい人」の側に回ろう。

『ドラゴン桜』の根底にある大事なメッセージです。

知らない、行動しない、損をする

選挙の話に戻れば、特に10代、20代の投票率が低いのですが、どうして投票しないかと若い人に尋ねたり、調べたりすると「政治のことはわからないから」「知らないから」といった理由が目につきます。けれど、高齢化している日本で、若者が投票しなければ、政治家は若者を軽視して、高齢者向けの政策ばかりに税金を使ってしまいます。

「知らない」を理由に、投票という「行動」を起こさないために、若者は「損をしている」わけです。

ほかにも、税金の優遇措置だとか、奨学金の申請だとか、**「知らなかったがゆえに行動を起こせず、損をしてしまう」ことはいろいろある**はずです。

頭がいい人たちにとって、合格体験記を読むのも、選挙に行くのも、難関校を目指すのも、本質は同じです。

頭がいい人たちには、恐れがあります。「知らないこと」を自分から遠ざけた結果、その不利益が自身に返ってきてしまう。東大生をはじめとする頭がいい人たちが恐れているのは、まさにこのことなのです。だから、自分から「知らないこと」に近づいていって学びます。

人生は選択の連続です。その選択を賽《さい》の目に任せていては成功しません。まぐれ当たりすることがあっても、必ずどこかで失敗することになります。人生の成功と失敗を分ける選択の意思決定の支えになるのが、情報収集です。**情報収集こそが、がむしゃらな努力を続けるのではなく、正しいルートで成功するための「第一歩」**といえるでしょう。

しかし、こんな疑問を覚える人もいるでしょう。

「情報収集が大事なのはわかった。でも、今の自分にとって必要な情報収集って、何？具体的にどうすればいいの？」

答えはとてもシンプルです。

「かつて今の自分と同じようなシチュエーションにいて、そこから成功した人はいないか?」

「その人は、どういう努力をしていたのか?」

「その人にとって役立った情報は、どういう情報だったか?」

そんな切り口から、情報収集をスタートさせればいいでしょう。東大生が合格体験記を読みこんだように。

「自分に似た成功事例」を探そう

「今の自分と同じようなシチュエーションにいた人を探す」というのは、大事なポイントです。受験でいえば、例えば、東大に合格した先輩のなかでも、得意科目と苦手科目が自分と似ている人を探す。その人の戦略は、どういうものだったか。試験本番で困ったことは、なんだったのか。そういう情報をしっかり集めることが結果に直結します。このアプローチは、仕事はもちろん、人生のさまざまな課題にも応用可能だと思います。

自己流からスタートするのは、お勧めできません。最初は、先人の知恵を借りる。努力を始める前に、しっかりと情報を集める習慣をつけましょう。

と、偉そうなことを書いている僕も、情報収集が足りずに2浪した人間です。合格体験記も読まずに東大を目指し、ほかの人たちがどんなふうに努力しているかを知らずに猛勉強して、2回も東大受験に失敗したのです。2浪して初めて、先に合格した友だちや知り合いに、「後生だから、ノートを見せてください」「恥を忍んで聞くけど、どうやって勉強しているの？」と聞きまくり、教えてもらったことを全部とにかく試してみたら、偏差値が一気に上がって合格できたのです。

まずは成功者のやり方を調べること。

努力はその後から。

このステップを大事にしてください！

頭がいい人は

想像力

丸暗記を避ける

――想像力を駆使して、すでにある知識をフル活用する

昨年（2022年）2月から約1年、タレントの小倉優子さんの大学受験を応援するプロジェクトに取り組みました。

きっかけは、テレビ番組の企画でした。3人のお子さんの教育のためにも、今から大学受験をしたいという小倉さんを、受験勉強のプロがサポートするという企画です。僕と仲間の東大生のほか、教育系ユーチューバーの葉一さんなどが集まり、チーム「ドラゴン桜」として、小倉さんと一緒に大学受験に挑戦することになりました。

結果はというと、第一志望の早稲田大学教育学部には残念ながら手が届きませんでしたが、晴れて白百合女子大学人間総合学部に合格し、入学されました。

このプロジェクトには、さまざまなご意見をいただきました。今回は、小倉さんの勉強をサポートした経験から「頭がいい人の条件」について考えます。けれど、本題に入る前

に、どうして僕が小倉さんの大学受験を応援したのかについて、少し書かせてください。

受験は「自分を変えるきっかけ」になる

みなさんは、大学受験というものを、どのように捉えていますか?

「学歴を得てキャリアを築いていく通過点」だと捉える人が多いかもしれません。けれど、僕は少し違う考えを持っています。ただそれだけのことなのであれば、大学受験がこんなに人の心をざわつかせるわけがない、と。芸能人の大学受験企画がテレビで人気を集め、『ドラゴン桜』の漫画やドラマが多くの人の心をつかみ、大学受験について語り合いたい気持ちにさせるのには、ほかの理由があるはずです。なぜでしょうか?

それは、大学受験が「自分を変えるきっかけ」になるからなのだと思います。

偏差値35から東大を目指し、合格した経験は、間違いなく僕の人生を変えてくれましたし、東大にかぎらず、自分を変えたいという思いで大学入試に挑み、実際に変わったという経験をお持ちの方は、少なくないと思います。

僕が、小倉さんの大学受験を応援することにしたのは、小倉さんであれば合格できると思ったからではありません。

企画がスタートしたときの小倉さんは、中学レベルの英語も不安な状態で、入試のある2月まで、1年ほどしかありませんでした。しかも、子育ても、タレントとしての仕事もあるなかで、勉強に使える時間は、1週間に15時間程度です。

それでもお手伝いしようと思ったのは、小倉さんが変わりたいと考えていらしたからです。小倉さん自身が、今の自分の状態から全然違う状態になりたいと考えていたから。僕らがお手伝いすることできっと小倉さんの何かが変わると思ったからです。

小倉さんには、3人のお子さんがいますが、小学3年生の長男に勉強を教えようとしたとき、うまく教えられない自分に気づき、思わずハッとしたそうです。「子どもたちのためにも、自分は今のままではいけないんじゃないか。もっと『頭がいい人』にならなきゃいけないんじゃないか」。そう思ったのだそうです。

そういうふうに「今の自分から、全然違う自分になりたい」という切実な思いを持っていらしたから、僕はお手伝いしたいと思いました。

受験も最後は、運の勝負です。実力とは別に運よく受かる人はいますし、運悪く落ちる人もいます。けれど、**どんな結果になったとしても、高い目標に向けて努力した体験は、その人の人生にとって必ずプラス**になります。頑張ったことが報われないわけはない。そんな思いを持って、小倉さんの勉強をサポートしてきました。

日本人は本当に英語が苦手なのか？

では、本題に入ります。

小倉さんの受験科目は、国語、英語、社会の３科目でした。なかでも時間をかけたのが英語です。

日本人の僕らにとって、英語を習得するのって一苦労ですよね。赤ちゃんのときに日本語を覚えたようにはいきませんし、英語と日本語は文法もかなり違って複雑に感じます。

「現在完了形って何？」

「単数形と複数形って何？」

「紙（paper）は複数形にならないって、なんで？」

そういう言語としての根本的な違いというハードルに邪魔されて、学びが進まないケースが多いのが英語という科目の特徴です。

そういうときに意識してみていただきたいのが、「身の周りにある英語から学ぶ」という視点です。

『ドラゴン桜』に、英語特別講師の川口洋《かわぐちひろし》先生が、こう語る場面があります。

まあ日本人なんだから英語ができないのは当たり前なんだけど
それはちがうなあ
ちがう？なんで？
日本人は英語ができないっていうのは単なる思い込みにすぎないんだよ

え……どういうこと？
いいかい！英語圏の国を除いて……
日本は……〝世界で英語のできる国〟のひとつなんだ！

『ドラゴン桜』第3巻・29限目「挑戦する精神」

日本人は英語ができないというのは、単なる思い込みにすぎない。英語圏の国を除けば、日本は世界のなかでも英語のできる国のひとつである。川口先生はなぜ、こう断言するのでしょうか？

僕らの日常は、英語があふれている

日本人の英語力が低いことの根拠としてよく、ＴＯＥＦＬなど、国際的に実施されている英語テストの平均点が低いことが挙げられます。けれど、ＴＯＥＦＬは、全国民が受けるわけではありません。ですから、英語が得意で、英語圏への留学を本気で考えている人ばかりがＴＯＥＦＬを受けている国では平均点は上がるはずです。逆に、自分の今の実力を知りたいといった程度の軽い理由で受ける人が多い国では、平均点が下がるはずで、日本は気軽に受ける人が多いというのが、川口先生の主張です。むしろ英語に日頃から親しんでいるのが、日本人の特徴なのだといいます。

いわれてみれば、僕ら日本人の日常生活は英語にあふれています。

例えば、街を歩いていて「KEEP OUT/ 立ち入り禁止」と書かれている標識などを見たことがありませんか？「入ってはいけない」という意味の英熟語です。

むしろ　一般国民への
浸透度からすれば
日本人は格段に
英語に親しんでいる
むしろ　自国語を
英語化することに
抵抗感がまるでない
と言っていいくらい
なんだ
MAIL
GET
APPEAL

『ドラゴン桜』第4巻・30限目「TOEFLと日本人の英語力」

想像力　頭がいい人は丸暗記を避ける

「チルド野菜」を買って食べている人も多いと思いますが、「チル（chill）」とは「冷やす」という意味の英単語です。だから、「チルド食品（chilled food）」とは直訳すれば「冷やされた食品」で、「低温管理の食品」のことを指します。

「ステンレス製」なんていいますが、「stain」とは「しみ・汚れ」のことを指します。だから「stainless」とはしみや汚れが「ない（less）」という意味で、これが転じて「さびにくい鉄」を指すようになりました。

「サラウンドスピーカー」を買って部屋で音楽を聴いている人もいると思いますが、これは「囲む」という意味の英単語「サラウンド（surround）」からきています。聴く人を取り囲むように設置されるスピーカーのことです。

こういうふうに**実は日本人は普段から英語を使いまくっている**のです。**この事実を意識すると、英語の成績が上がりやすくなります**。なぜなら、英語が机の上でガリガリと勉強するだけのものではなく、単語帳や参考書を開いて暗記するだけのものではなく、普段から接しているものに変わるからです。すると学びに膨らみが生まれます。どこか違う国の言葉ではなく、自分が普段から使っているものとして学習に臨むと、英語に対する殻を破りやすくなります。

みなさんは、こんな英語にもしかしたら見覚えがありませんか？

Please hold on to the handrail.

テレビでもご紹介しましたが、この英文、日本語に訳すと「手すりにつかまってください」。エスカレーターに乗っていると見かけたりする表現です。このなかの「hold on to（つかまる）」という表現は大学入試でもよく出てきます。

こんなお話を、チーム「ドラゴン桜」の宇佐美天彗《すばる》さん（東大医学部を卒業、受験勉強がテーマのYouTubeチャンネルの登録者数は30万人以上）から、小倉さんにお伝えしました。すると、その後、小倉さんは、僕らのグループLINEに、「今日は街中でこんな英語を見つけました！　もっともっと勉強します！」というメッセージを送ってきてくれました。例えば……

「Do not use strollers（ベビーカーは禁止です）」
「Designated smoking room available（喫煙専用室あり）」

……などなど。**ものの見方を少し変えるだけで、何気ない日常が学びに変わる**んですね。

あ……なんか
言われてみると
よくわかる
歌の歌詞でも
英語をバンバン
使ってるもんな
でも……
じゃあ自分が
できるかって
言われると……
ん……
矢島《やじま》君は
ローラー
スケートは
できるかい？
ああ……
子供の頃に
やったよ
滑るだけなら
できる
そう……
水野《みずの》さんは
泳げる？
平泳ぎなら
25メートル
ぐらい
いける……

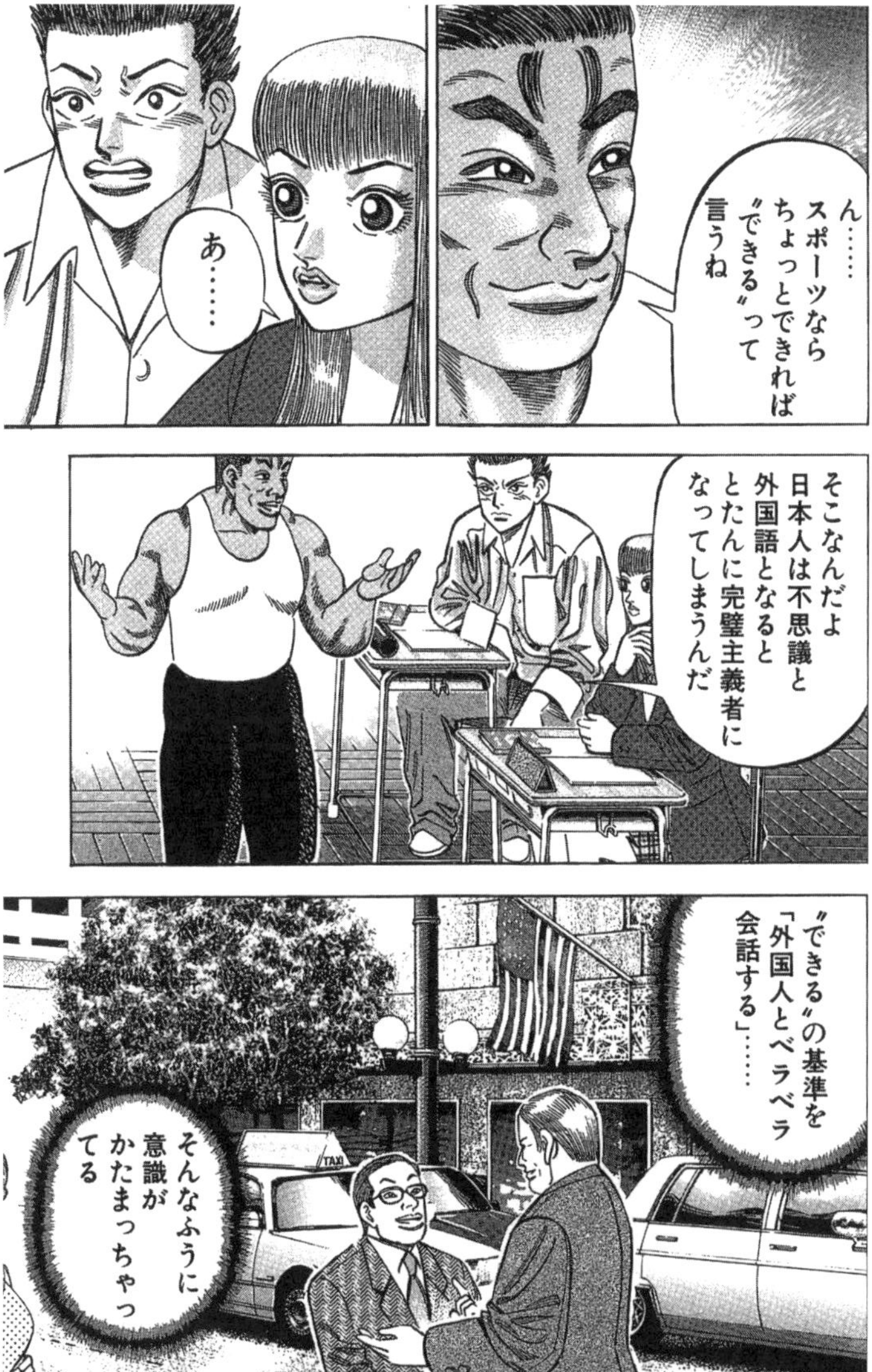
ん……スポーツならちょっとできれば〝できる〟って言うね
あ……
そこなんだよ日本人は不思議と外国語となるととたんに完璧主義者になってしまうんだ
〝できる〟の基準を「外国人とベラベラ会話する」……
そんなふうに意識がかたまっちゃってる

『ドラゴン桜』第4巻・30限目「TOEFLと日本人の英語力」

日本人が英語を できないと 思い込んでいる原因は 完璧主義
なんでも完璧にやらないと 気が済まない潔癖さと 物事をネガティブに 考えてしまう 国民性がそうさせてるんだ
だから本当は 堂々と胸張って English is my second language, so please speak slowly for me. とか言って
図々しく 開き直って どんどん英語を 使えばいいのさ
現にアメリカ人 なんかに「日本語は できるか?」と 聞くと 「イエース」
「スシ・サムライ ニンジャ……」なんて 答えてスゲエだろって 顔をしてくるよ
ふーん…… 要は気の 持ちようか
なんかとたんに やる気が 出てきたな

『ドラゴン桜』第4巻・30限目「TOEFLと日本人の英語力」

『ドラゴン桜』では、川口先生が、「cultivate（カルティベート）」という英単語を「カルチャー（culture）」というカタカナ英語と関連づけて、教えていました。

「cultivate」と「culture」は、どちらも「cult」から始まります。「culture」の意味は、カタカナ英語の「カルチャー」からわかる通りで、「文化、教養」です。文化とは、社会を耕すことであり、教養とは、自分の頭を耕すこと。そして「cultivate」は「耕す」という意味です。

つまり……「cultivate」は「カルチャー」に似ていて「耕す」という意味。

こんなふうに、**カタカナ英語を起点につながりを連想していけば、英語はどんどん身近になり、語彙も増えます**。想像力を働かせれば英語は難しくないのです。「英語と日本語は全然違う」という固い考え方をしているから難しく感じてしまうわけです。

丸暗記からステップアップ

小倉さんも、最初のうちは固い考え方で英語と向き合っていました。

中学生レベルの知識も不安な状態から、大学受験の勉強を始めた小倉さんには当初、たくさんの英単語を一気に覚えてもらう必要がありました。そのときに、僕らがお勧めしたのが、英単語を覚えるために語呂合わせを作ることでした。誰にでも合う勉強法ではないのですが、小倉さんの認知特性を番組で調べたところ、「目で見てイメージで覚えるタイプ」だとわかったので、お勧めしました。

例えば、こんな語呂合わせ。「profit（プロフィット）＝利益」は「【プロ】選手向けの【フィット】ネスクラブを作って、【利益】を上げる」。

この方法をチーム「ドラゴン桜」の暗記の達人からお伝えしたところ、小倉さんは、ご自分でも英単語の語呂合わせを作るようになりました。例えば、「キツネの【コン】が【フォーっと】慰める」で「comfort（コンフォート）＝慰める」とか、「【コンとラク】が【契約】する」で「contract（コントラクト）＝契約」と暗記する、といった具合です。これで短期間に大量の英単語を覚えることができました。

このように自分の特性がわかると勉強も前に進みやすいものです。

でも、この方法には弊害もあります。丸暗記なので応用力が弱く、小倉さんはせっかく英単語を覚えても、使うのが苦手な状態でした。

だからこそ僕ら、チーム「ドラゴン桜」は、小倉さんの英語に対する考え方を柔軟にできるように、身の周りにある英単語から学ぶテクニックをお伝えしました。さらに、このテクニックを使って解ける慣用句の問題などを出題して考えてもらいました。

例えば、こんな問題。

When pigs fly!

これはどういう意味でしょうか?

ベストセラー『一度読んだら絶対に忘れない英文法の教科書』(SBクリエイティブ)の著者で、通訳の仕事をすると同時に大手予備校の人気講師でもあった牧野智一先生が、小倉さんに出した問題です。

直訳すると「豚が飛ぶとき」となるのですが、そんなことって「見たことがありません」よね。だから、この英文の和訳は「ありえない!」となります。

なんだか、ちょっと楽しくなりますよね。

こんなふうに、すでにある知識を生かして、楽しみながら想像力を働かせる訓練を積んでいくと、丸暗記をしなくても、英語がどんどん読めるようになっていきます。

ほかの科目も同じです。**丸暗記する代わりに、想像力を駆使する**。これも頭がいい人たちに共通する特徴です。

想像力　頭がいい人は丸暗記を避ける

頭が
いい人は

勉強力

雑学・豆知識が好き

──机に向かわない日常生活を、勉強時間に変えていく

みなさんは「勉強」という言葉にどんなイメージを持っているでしょうか。

人によってさまざまだと思いますが、「勉める」に「強いる」と書いて勉強と読むくらいですから、辛くて苦しいもの、それでもやらなきゃいけないものというイメージがあると思います。確かに勉強には、そういう厳しい側面があります。何かを学んで身につけることは、そう簡単に、ラクをしてできるものではありません。

辛くて苦しい努力の継続に加えて、ゴールが見えなくて、キリがないのも勉強の厳しさです。勉強の目的は知の獲得にあり、受験生ならば志望校の合格に向けて勉強しますが、どれだけ勉強すれば合格するかは不透明です。社会に出てからも、人はさまざまな知の獲得を求められますが、「これで十分」と思えることなどない気がします。

1日何時間も勉強しなければ志望校に合格できない。それどころか毎日何時間も続けて

きたのに「不合格」の通知を受けとる。そうなるともう「あなたは本当に頭が悪いですね」と宣告されたようなもので、膝から崩れ落ちるような絶望に打ちのめされ、今より「頭をよくする」ことなどあきらめたくなります。

しかし、目標に向かって勉強を続けるのには、ちょっとしたコツがあるのです。

勉強時間と生活時間の境目をなくす

それは「机に向かう勉強と、日常生活の垣根をなくす」ことです。東大生を見ていると、この能力があるからこそ、東大生は東大生になっているし、頭のいい人は頭がいいのだと痛感します。

「垣根をなくす」というと、「勉強時間とほかの生活時間の境目がなくなるくらい、机に向かい続ける」というふうにイメージしてしまう人もたまにいますが、違います。「机に向かう時間」はむしろ、「1日○時間」ときっかり決めておくほうが、集中して効率よく勉強ができます。「垣根をなくす」というのは、「日常生活のなかでも学ぶ」ということです。

東大生が幼児期に受けている教育について、『ドラゴン桜』の桜木先生はこんなことを指摘しています。

ならば一つ質問しよう
東大生の多くが小さい頃どんな勉強をしていたと思う?
小さい頃?
理由はこうだ…幼児期から塾に通って勉強をやり始めると…
ひよこ教室
その子にとっては塾の教室ですることが〝勉強〟になる

やっぱり早くから専門の塾に通ってお受験の勉強をしてたんじゃない？
ところがそれは不正解
東大生は特別なお受験対策をほとんどしてない
″勉強″とは先生がいて机に教科書を開いてやるものだという意識が刷り込まれ…
″勉強″と日常生活が全く別物で縁のないものになってしまう

『ドラゴン桜』第18巻・166限目「勉強とは?」

東大生が育った家庭の多くでは勉強と生活が密接に関わっている
例えば子どもを買い物に連れていき野菜の育ち方を教えお金の計算をさせる
高原先生の考え方は子どもを〝勉強〟させるには塾に入れなくてはダメと思う親と同じ
勉強と生活とを切り離して考えている証拠だ

散歩をしながら
雨と雲の関係を説明し
月や星の動きについて
話して聞かせる
勉強と生活が
一体化していれば
様々な経験を積むと
自然に知識が
蓄えられていく
だから
あんたは
教師失格なんだ

『ドラゴン桜』第18巻・166限目「勉強とは?」

桜木先生が指摘するのは、東大生の親たちは、幼児期に特別な英才教育などしていない。ただし、日常生活のなかで子どもたちに勉強を教えているということです。このような経験を通して「机に向かわなくても、普通に生活しているなかで勉強ができる」ことを、子どもたちが学んでいるということです。

なぜ「1日16時間」も勉強できるのか？

普段の生活のなかで勉強できる人にとっては、起きている時間はずっと勉強です。1日24時間のうち8時間が睡眠時間だとすれば、1日16時間勉強ができて、それが苦になりません。しかし、勉強と日常生活の間に垣根があって分かれている人は、1日5時間も勉強できれば上出来でしょう。

勉強の捉え方が違うだけで、1日の学習時間に11時間の差がつくのです。勉強に感じる辛さも、全然違います。勉強を「机に向かって、苦しい努力をするもの」と捉えることが、勉強に対する苦手意識につながり、勉強が嫌いになっていくきっかけになります。

日常生活のなかで学ぶ時間の長い子が、結果的に東大に合格しているというのが、桜木先生の指摘です。「勉強させられている」という意識のない人ほど、東大に合格しやすいともいえるでしょう。

勉強と日常の垣根がない、というのはどういうことなのか、例を挙げて考えてみたいと思います。

「白日（はくじつ）」といえば、いわずと知れた人気ロックバンドKing Gnu（キングヌー）のヒット曲のタイトルです。この言葉の意味をご存じでしょうか。

辞書を引くと「身が潔白であることのたとえ」という意味が出てきます。「青天白日」という言葉もありますよね。こちらは「まったく罪がなく、やましさがないこと」を表します。

King gnuのメンバーがこの言葉にこめた意味は、彼らにしかわかりません。けれど、辞書にある「白日」の意味と、「白日」の歌詞を照らし合わせると発見があります。

知らないうちに誰かを傷つけてしまった罪の意識に苛《さいな》まれ、忘れたいのだけど、忘れられない……。そんな心のうちに湧き上がる自問自答を表現したような歌詞で、そのなかに「真っ白」に「振りしきる雪」が詠みこまれています。こう考えると、罪のない「白日」と、雪に包まれた「真っ白な今日」を重ね合わせたダブルミーニングのタイトルと考えることができます。

今の話で、少しでも「へえ」とか「面白いな」と思っていただけたなら、それこそが「机に向かう勉強と、日常生活の垣根をなくす」ことの入り口です。「白日」のダブルミーニングのような発見があると、国語の勉強もちょっと楽しくなりますよね。

「Come」と「Go」を、どう使い分けるか？

新しい学びを得ることには本来、楽しさがあります。勉強は、辛く苦しいだけではないのです。学びの楽しさを実感を持って知っているかどうかも、頭がいい人と、そうでない人の分岐点かもしれません。

「学びの楽しさ」といってしまうと大げさですが、要するに「豆知識」であり「雑学」です。「勉強したからわかる面白い話」というのはたくさんあって、「知識を得て楽しかった体験」が、机に向かう勉強と混じり合い、積み重なっていくことで、机に向かっている時間も、そうでない時間も、常に「勉強中」という状態にたどり着きます。

勉強を楽しくしてくれる「豆知識」は、探してみれば、すべての教科にあります。

英語でいえば、字幕付きの映画などは、いい素材です。今はネットフリックスなどの動画配信サービスが充実していて、自宅で手軽に見ることができますよね。

映画やドラマによく出てくる英語に「Come on!」というセリフがあります。直訳してしまえば「来て！」ですが、この「Come on!」というフレーズは、実にさまざまな意味で使われています。

例えば、登場人物が誰かを応援しているシチュエーションでは「頑張れ！」という意味になりますし、誰かと喧嘩気味になり感情的になったときは「頼むよ！」や「勘弁してくれ！」などの意味で「Come on!」が使われます。

ここで、「なるほど。『Come on!』には、いろいろな意味があるのだな」でとどまってしまうと、それこそ単なる豆知識で終わってしまいます。そこからさらにもう一歩進み、「なぜ『Come on!』には、そんなにいろいろな意味があるのだろう？」と考え、「これらの使い方に共通するものがあるのだろうか？」と調べるところまでいくと、ちょっとした発見があります。

「Come」と似ている単語に「Go」があり、どちらも中学レベルの基本的な英単語ですが、英作文などをしていると、この2つの使い分けに結構、悩むものです。

「Come」は一般に「来る」と訳され、遠くから近づいてくるイメージ。一方、「Go」は「行く」で、離れていくイメージと説明されます。でも、これだけでは、さまざまな「Come on!」の使い方の説明はつきませんね。さらに辞書や参考書で調べていくと、こんな違いに出合うはずです。

「Come」は「良い方向への変化」を指し、「Go」は「悪い方向への変化」を指す。

例えば、「Dreams come true」ならば「夢が実現する」というポジティブな変化です。

一方、食べものが「腐る」というネガティブな変化は「Go bad」と表現しますよね。

つまり、「Come on!」は、もともと「いい方向に戻ってきてよ！」というニュアンスを持ちます。だから、口論しているときには「勘弁してくれ！」と意訳され、励ますシーンでは「頑張れ！」となるわけです。

いかがでしょうか？

赤ちゃんの言動に見る「人類の本性」

僕たちは赤ちゃんのころ、出合うものすべてに興味津々だったはずです。だから目で見るだけでは飽き足らず、なんでも手で触って、口に入れていたわけです。これらの一連の行動は「これはなんだろう？」という素朴な疑問と、「調べてみよう」という旺盛な意欲から生まれていました。そうやって僕たちは、食べられるものとそうでないもの、危険なものと安全なものを区別し、学んできました。

英単語から急に話が飛んだと思われたかもしれません。大げさな話に聞こえたかもしれません。けれど、僕が伝えたいことは同じです。素朴な疑問を起点に始まる探究は、幼少期から形を変えて一生涯、実践されるべきであり、いついかなるときも学びの姿勢でいることが、僕たちを向上させてくれます。「机に向かう勉強と、日常生活の垣根をなくす」のも、そんな人間としての自然な営みの延長線上にあると思うのです。

子どもに勉強してほしいと思う保護者の方には、勉強を勉強たらしめないでほしいと思います。子どもが身の周りのあらゆる物事に興味を持てるように、自ら調べて、自ら考え、自ら学べるように、応援してあげてください。それこそが勉強に苦手意識を持たせないコツであり、勉強が好きで、勉強を楽しめる「頭のいい子」が育つ根っこなのです。

『ドラゴン桜』第18巻・166限目「勉強とは?」

第2章

頭がいい人の「行動習慣」

思考を変えるには、まず「行動」から

「型」力

頭がいい人は

ルールを守る

――ルールを熟知するからこそ、個性的になれる

「頭がいい人ほどルールを守る」――こんなことをいうと、人によっては意外と思うかもしれません。

「頭がいい人」というと一般に、ずば抜けた頭脳を持つ代わりにちょっとした常識なんかが抜け落ちていたりして、授業中に先生の話を聞かなかったり、自分の好き勝手なことをやっていたりして、「ルールにとらわれない人」というイメージがあると思います。さながら天才発明家といった感じですね。既存のルールを超越してしまうような人。そんな人こそが「頭のいい人」だと考えている人もいるでしょう。

しかし、本当のところは、そうではないと僕は思うんです。**頭がいい人ほど、実はルールを熟知しているもの**です。東大入試にかぎっていえば、「ルールに厳しい人ほど合格しやすい」という話があります。例えば『ドラゴン桜』に、こんなシーンがあります。

ならばよし…じゃあ最後に模試対策の最重要点を指摘しておこう
最重要？
それは…問題の表紙にある注意事項を必ずよく読んでそれに従う…
……ということだ
え…
てか…そんなの当たり前じゃん
と思うだろ…その油断が命取りになる

『ドラゴン桜』第11巻・98限目「ルールと自由」

初めて東大模試を受ける水野と矢島に、桜木先生が注意を促したのは「問題の表紙にある注意事項を必ずよく読んで従う」ということ。それが初めて東大模試を受ける2人にとって「最重要点」であり、怠れば「命取り」になるとまでいいます。

問題の表紙にどんな注意事項が書かれているのかといえば、細かいことばかりです。

「解答は必ず指定された箇所に記入せよ」
「関係のない文字や記号などを記入するな」
「解答の余白には何も書くな」

……など。そんなに大事なことなのでしょうか。

ルールを守れない人は、すべてを失う

しかし、これらのルールに「違反した答案は無効になる」ことも問題の表紙にしっかりと明記されています。

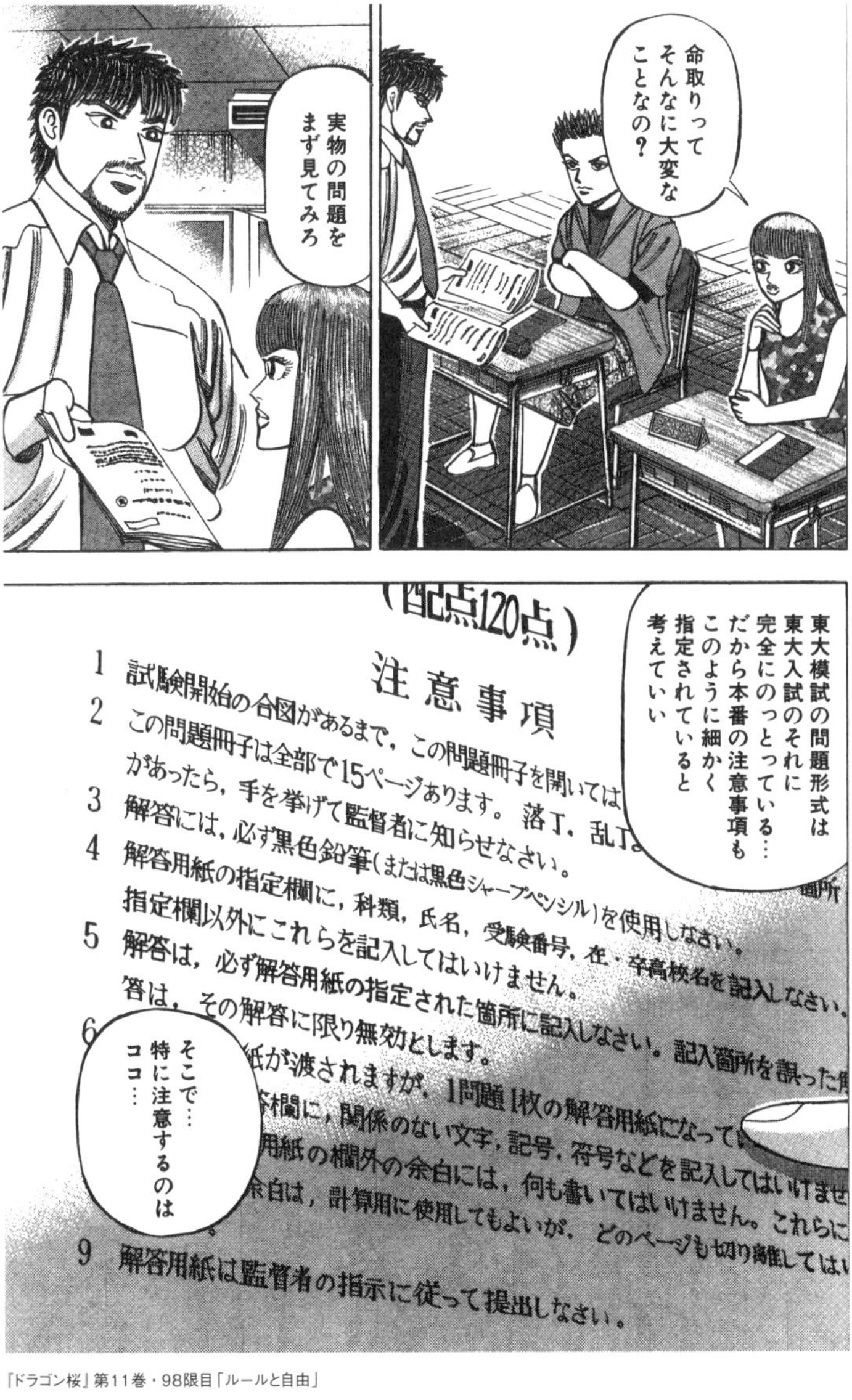
命取りって
そんなに大変な
ことなの？
実物の問題を
まず見てみろ
東大模試の問題形式は
東大入試のそれに
完全にのっとっている…
だから本番の注意事項も
このように細かく
指定されていると
考えていい
そこで…
特に注意するのは
ココ…

『ドラゴン桜』第11巻・98限目「ルールと自由」

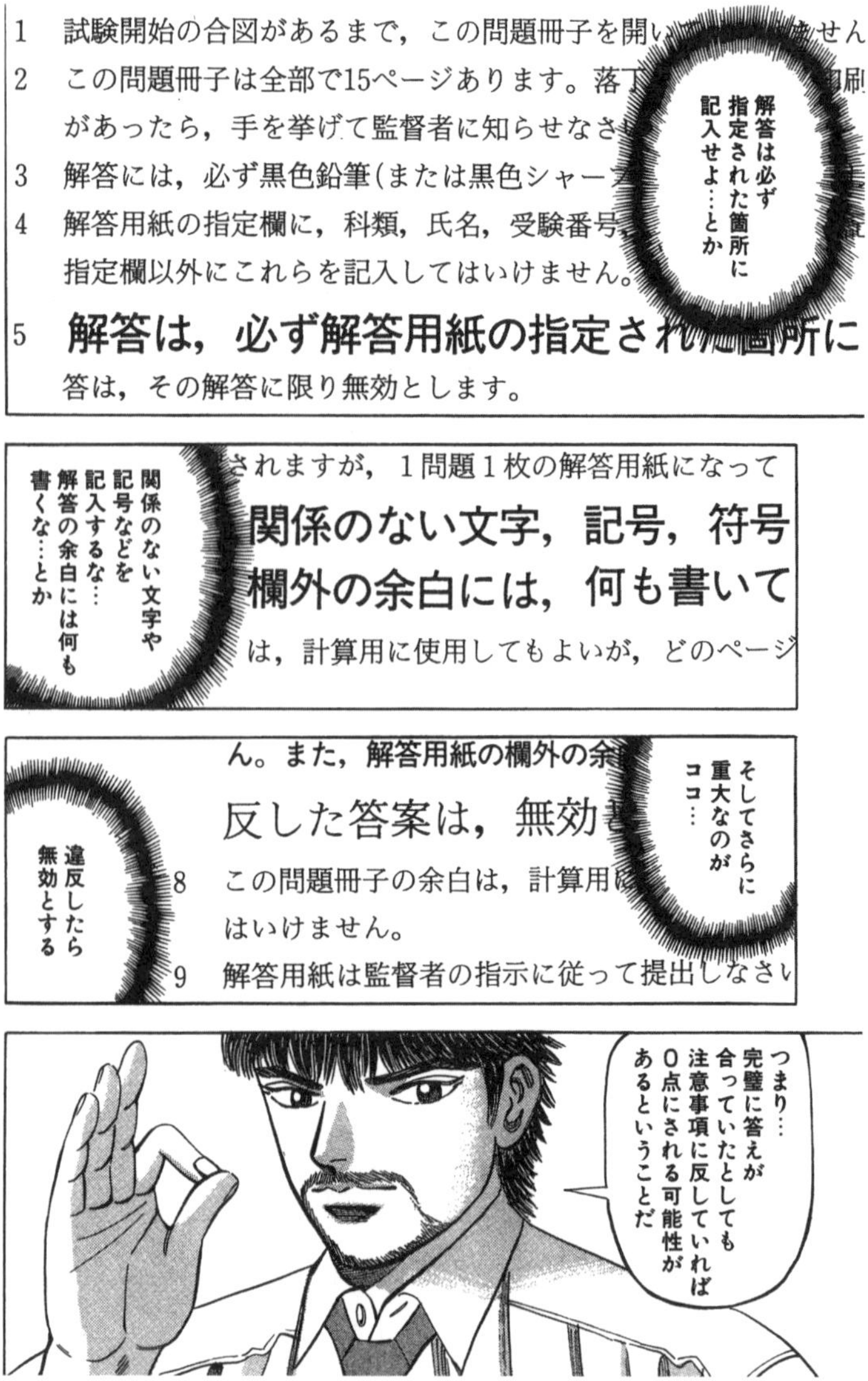
解答は必ず指定された箇所に記入せよ…とか
1 試験開始の合図があるまで，この問題冊子を開い
2 この問題冊子は全部で15ページあります。落
がああったら，手を挙げて監督者に知らせなさ
3 解答には，必ず黒色鉛筆(または黒色シャーペ
4 解答用紙の指定欄に，科類，氏名，受験番号
指定欄以外にこれらを記入してはいけません。
5 解答は，必ず解答用紙の指定され
答は，その解答に限り無効とします。
されますが，1問題1枚の解答用紙になって
関係のない文字，記号，符号
欄外の余白には，何も書いて
は，計算用に使用してもよいが，どのページ
関係のない文字や記号などを記入するな…解答の余白には何も書くな…とか
そしてさらに重大なのがココ…
ん。また，解答用紙の欄外の余
反した答案は，無効
8 この問題冊子の余白は，計算用
はいけません。
9 解答用紙は監督者の指示に従って提出しなさい
違反したら無効とする
つまり…完璧に答えが合っていたとしても注意事項に反していれば0点にされる可能性があるということだ

『ドラゴン桜』第11巻・98限目「ルールと自由」

「答案が無効になる」というのは、0点になるということです。どれほど勉強を積み重ね、頑張って書いた解答でも、0点になってしまうということです。ミスした受験生に悪気がなくても、**ルールとして明記されている以上、守れなければ、すべてを失ってしまう。**桜木先生はそこに注意を促したのです。

ルールに対する東大の厳しさを感じさせる逸話や噂というのは多々あって、例えば「指定された語句を用いて60字以内で答えなさい。ただし、指定された語句に下線を引くこと」といった入試問題で、下線を引き忘れただけで0点にされてしまった……などという話を、僕は耳にしたことがあります。

「そんなこと、別にいいじゃん！」「学力と関係ないいんじゃない？」と、思いませんか。

ほかの大学の入試では、そこまでの話は聞いたことがなく、ここまで厳しいのは東大くらいかもしれません。なぜ、これほどルールに厳しいのでしょうか。

『ドラゴン桜』第11巻・98限目「ルールと自由」

僕が考えるに、それはおそらく「ルールを熟知する者が一番、ルールを活用できる」と、東大が考えているからではないでしょうか。「ルールを裏側からハックできる可能性を秘めている」と言い換えてもいいでしょう。

「ルールがある」ことを認識して初めて、「そのルールをうまく使ったら、得をするかもしれない」という発想が生まれるわけです。ルールに「縛られる」ばかりでなく、ルールを「うまく利用してやろう」というしたたかさを、東大は求めているのかもしれません。

桜木先生はこう表現しています。ルールを厳格に守れる人こそが、将来個性的な発想をできるようになる──。みなさんは、どう思われますか。

水野と矢島は反発しました。

では…なぜ東大はこれほど徹底してルールに厳しいのか…

『ドラゴン桜』第11巻・98限目「ルールと自由」

それはルールを厳格に守れる人こそが東大入学者にふさわしく将来個性的な発想をできるようになるからだ
え…
それって…全然逆なんじゃねえの？
ルール守るってことは何も考えずに黙って従うだけってことで
個性があるやつってルールなんか無視して自由に生きてるやつだろ
それこそ発想が貧困ってやつだ…

『ドラゴン桜』第11巻・98限目「ルールと自由」

ルールを守るには
ルールを細部まで
正しく理解しなくては
いけない
その競技について
興味を持っていなければ
ルールなど知ろうと
思わないだろう
今あるルールを
詳しく知り
そのルールの中で
工夫を重ねるうちに
独自の発想は生まれる
例えば…
サッカーのルールを
理解し利用
することによって
いろいろな攻撃の
バリエーションが
生み出される
これは
技術革新や
科学的発見も
同じこと
フルクトース
(果糖)
変性
基礎的原理は
研究分野のルールだ
これを理解し発展させる
ことによって次の新たな
原理が生まれるのだ

したがって…「この受験生はルールを守る人間かどうか」
東大はまずそこを判別するのだ…だから入りたいと思ったらルールには完璧に従う姿勢を見せろ!
ルールをはなから無視しているやつはただ何も考えてないだけだ
研究の時に基礎を無視するやつの発想は所詮《しょせん》的外《まとはず》れ
高度な文明社会はすべてにおいてルールに基づいたシステムによって機能している
自由に思うがまま生きているつもりでも結局それは…

『ドラゴン桜』第11巻・98限目「ルールと自由」

釈迦の手の上の孫悟空と同じ
縛られていないつもりでも知らずに誰かが作ったルールの中で動き回ってるだけなのだ

そんなものは自由でもなんでもない
自由に生きたいと思うならルールの内側へ入りルールを作る側に回って自分の力で環境を変えるんだ

いいか矢島…

本当の自由とは…自分のルールで生きるってことなんだよ
そっか頑張れば自分でルールを変えられるかもしれないんだよね

『ドラゴン桜』第11巻・98限目「ルールと自由」

ルールを無視する人は、何も考えていないだけ――。桜木先生の言葉は厳しいですが、なるほどその通りです。

ルールを守ろうとするから、ルールを細部まで理解する。どうしてもやりたいことがあるなら、細部まで理解したルールのなかでなんとかする。そんな**ルールを守るための工夫の積み重ねからこそ、独自の発想が生まれる**。桜木先生は、こんなことをいいたいのではないでしょうか。

「ルールを理解すればできるようになること」は、あらゆる場面で明確に存在します。

「東大英作文」の裏技

東大の入試問題に「自由英作文」というジャンルがあります。例えば、「自宅から遠い大学に実家から通うか、一人暮らしをするか」とか、「全世界の人々がみな同じひとつの言語を使用していたら、社会や生活はどうなったと思うか」といった「お題」が与えられ、英文で答えるというものです。

自分でゼロから英文を考えなくてはいけないうえに、細かいミスも許されません。英文法として間違っていなくても、「英語では普通、こういう言いまわしをしない」という減点もあるので、非常に難しい問題形式だといえます。

しかしこの問題、結構多くの東大生がルールの裏側を突くある工夫で突破してきています。みなさんは、どんな工夫だと思いますか？

どんな場面でも汎用的に使える英語の言いまわしを、あらかじめ見つけて、暗記しておく、という工夫です。

僕が愛用していたのは「私の視野を広げてくれる =It develops my point of view」という言いまわしです。これが便利な表現で、例えば「一人暮らし」をすることは、「僕の視野を広げてくれるだろう = It will develop my point of view」と答えればいいですし、「全世界の人々がみな同じひとつの言語を使用」していたら、「我々の視野は広がらなかっただろう= It wouldn't have developed our points of view」と答えることもできます。

入試本番で、ゼロから英文を考えると小さなミスで減点されてしまいがちです。そういうときに、あらかじめ用意した特定の表現を使いまわせるのは大きなアドバンテージです。東大に合格した「頭のいい人」たちの多くは、自分にとって使い勝手のいい表現をあらかじめ用意し、その形を問題に合わせて少し変えることで、自由英作文に対応しています。

ルールを理解することで、ルールの範囲内で何ができるかをしっかり考えられる。東大の自由英作文は、そのわかりやすい一例だと思います。東大生にかぎらず、「頭がいい人」

というのは、こうした能力が非常に高いものです。

ルールを学べば、選択肢が広がる

つまり、ルールを理解すれば、「何ができるか」の選択肢が広がる。さらにいえば、「何をしなくていいか」という選択肢も広がります。

例えば、「しなくてはいけない」ことならば、やるしかないわけですが、「してもいい」ことだったら、やらなくてもいいわけですよね。

このようなルールの「読解力」に関する重要な指摘が、『ドラゴン桜2』にあります。英語特別講師の鍋《なべ》明美《あけみ》先生が、東大入試の英語リスニング問題の対策を、早瀬《はやせ》菜緒《なお》と天野《あまの》晃一郎《こういちろう》に教えるシーンです。

『ドラゴン桜2』第4巻・31限目「東大リスニング攻略法」

これは「やっちゃダメ！」を言っておくわね
ダメ？
問題を開いてみて
リスニングは第3問よ
注意してほしいのはココ最初の問題について説明する文章

『ドラゴン桜2』第4巻・31限目「東大リスニング攻略法」

「放送を聞きながらメモを取ってもよい」と書いてある
3 放送を聞いて問題(A)，(B)，(C)に答えよ。(A)と(B)は内容的に関連している。(C)は独立した問題である。(A)，(B)，(C)のいずれも2回ずつ放送される。
・ 聞き取り問題は試験開始後45分経過した頃から約30分間放送される。
・ 放送を聞きながらメモを取ってもよい。
・ 放送が終わったあとも，この問題の解答を続けてかまわない。
(A) これから放送するのは，あるラジオ番組の一部である。これを聞き，
(6)～(10)の問いに対して，それぞれ最も適切な答えを一つ選び，マークシート
の(6)～(10)にその記号をマークせよ。なお，放送の中で使われている
umbilical cord という表現は「へその緒」という意味である。
へえ……メモ取っていいんだ聞き逃しを防げるかも
ブブーッ！
え？
それは大間違い！

ughs easily
ughs easily and often. She sends funny jokes
リスニング試験でメモを取っちゃダメ！
ダメ？
どうして？
これは特に現役受験生がハマりやすい落とし穴なの
「メモを取っていい」は一見 親切そうだけどうっかり取ったらとんだ大失敗よ

『ドラゴン桜2』第4巻・31限目「東大リスニング攻略法」

想像してみて 英文は受験生に 構うことなく 次から次へと 流れてくるのよ
まるで 流し素麺《そうめん》のように！
流し素麺
ああ たしかに……
素麺好き？
え…… ええ
私も 大好き！
夏は 最高よね

流れてくる英文を　メモを取りながら　摑《つか》み取ろうとすると　それに気を奪われて　大事な要点を　聞き逃す危険性が高い
here is something very solid abou
この失敗を　避けるためには　最初にルールを　作っておく
マイルール
「メモは取らない」
「メモは取らない」と　決めておくの
事前に　メモのことは　頭から消しておけば　英文を聞くことだけに　集中できる
exists at my back.To
何を話しているか　全体の要旨を　把握することに　努めることができるの
ner little sister is to

『ドラゴン桜2』第4巻・31限目「東大リスニング攻略法」

問題用紙に書かれたルールは、「メモを取ってもよい」。

けれど、**「メモを取ってもよい」ということは、「メモを取らなくてもよい」ということ**にほかなりません。鍋先生の「メモを取らない」というマイルールは、ルールに対する深い理解あっての決断だといえるでしょう。

ただし、「メモを取らない」のは、あくまで鍋先生のマイルールです。

鍋先生のマイルールですから、絶対に従わないといけないわけではありません。早瀬や天野が「自分としてはメモを取りたい」と思うのなら、メモを取ったっていいわけです。

最後に決めるのは自分です。

「何に従わなくていいか」を知ろう

リスニング問題で、メモを取らないほうがいいと教わった早瀬と天野は、こんな不満を抱きます。

メモを取ることが失敗の原因になるなら、最初から「メモを取ってもよい」なんて、書いておかないほうがいいのに。かえって不親切ではないか——。

しかし、鍋先生は、大学側の立場に立てば、当然の判断なのだと2人に教えます。

「メモは取っていいですか」と受験生に質問された場合監督官は返答に困るでしょ
あらかじめ記しておけば現場は判断しなくていいし混乱を避けられるからなの
メモを取ったほうがいいか悪いか自分で決めなさい
……ということね
結局 選考する側の事情か……
自分にとって利益か不利益か
常に考えて自分で判断しなくてはダメ！

『ドラゴン桜2』第4巻・31限目「東大リスニング攻略法」

そこに書いてるから
みんなが
そうしてるから
1ヵ月ピザを食べ続ければ
10kg体重が減る！？
ピザダイエットが大流行！！
あんたの好きなビスケット、
発がん性物質が入ってるらしい
さっきツイッターでみた
マジかよ
いままで好きだったけど
食べるのやめよ
ってかこれ拡散したほうがよくない？
そんな理由で
鵜《う》呑《の》みにして
黙って従ってると
大事なものを失うわよ
18:52
うちの高校、
隣町の高校と合併するんだって
嘘でしょ…
いやこれ見てみて
チャ888回分が無料！
だけ簡単！！
うございます！

やるか
やらないか
すべて自分の判断で
決めること
成功するためには
従わない勇気を
持つことよ
従わない……
勇気

『ドラゴン桜2』第4巻・31限目「東大リスニング攻略法」

ルールを熟読することは「何に従わなければならないのか」を理解するだけの行為ではありません。逆に「何に従わなくていいのか」を知って、決断する姿勢も問われるのです。

型を理解しているからこそ「型破り」ができる。

型を理解していない状態で型を無視しても「型なし」にしかならない。

桜木先生が「模試対策の最重要要点」を通じて、僕らに伝えたかったのは、そういうことなのだと思います。

ルールに唯々諾々と従わないために、ルールをしっかりと熟知する。そういう習慣を身につけたいですね。

『ドラゴン桜2』第6巻・47限目「21秒の実験」

頭が
いい人は

合理力

頑張りすぎない

——上手に手を抜き、仕組みを活用する

みなさんは、「努力が続く人とそうでない人は、脳科学的に決まっている」という話を聞いたことがあるでしょうか？

要するに「努力できる脳」と「努力できない脳」があるということです。

「努力できる脳の持ち主」を判定するテスト

米ヴァンダービルト大学の研究チームが発表した論文によると、あるちょっとした実験をするだけで、その人が「努力できる脳」の持ち主であるか、それとも「努力できない脳」の持ち主なのかがわかるといいます。『ドラゴン桜2』で、早瀬と天野が、この実験に挑戦しました。みなさんもぜひ、漫画を見ながらやってみてください。

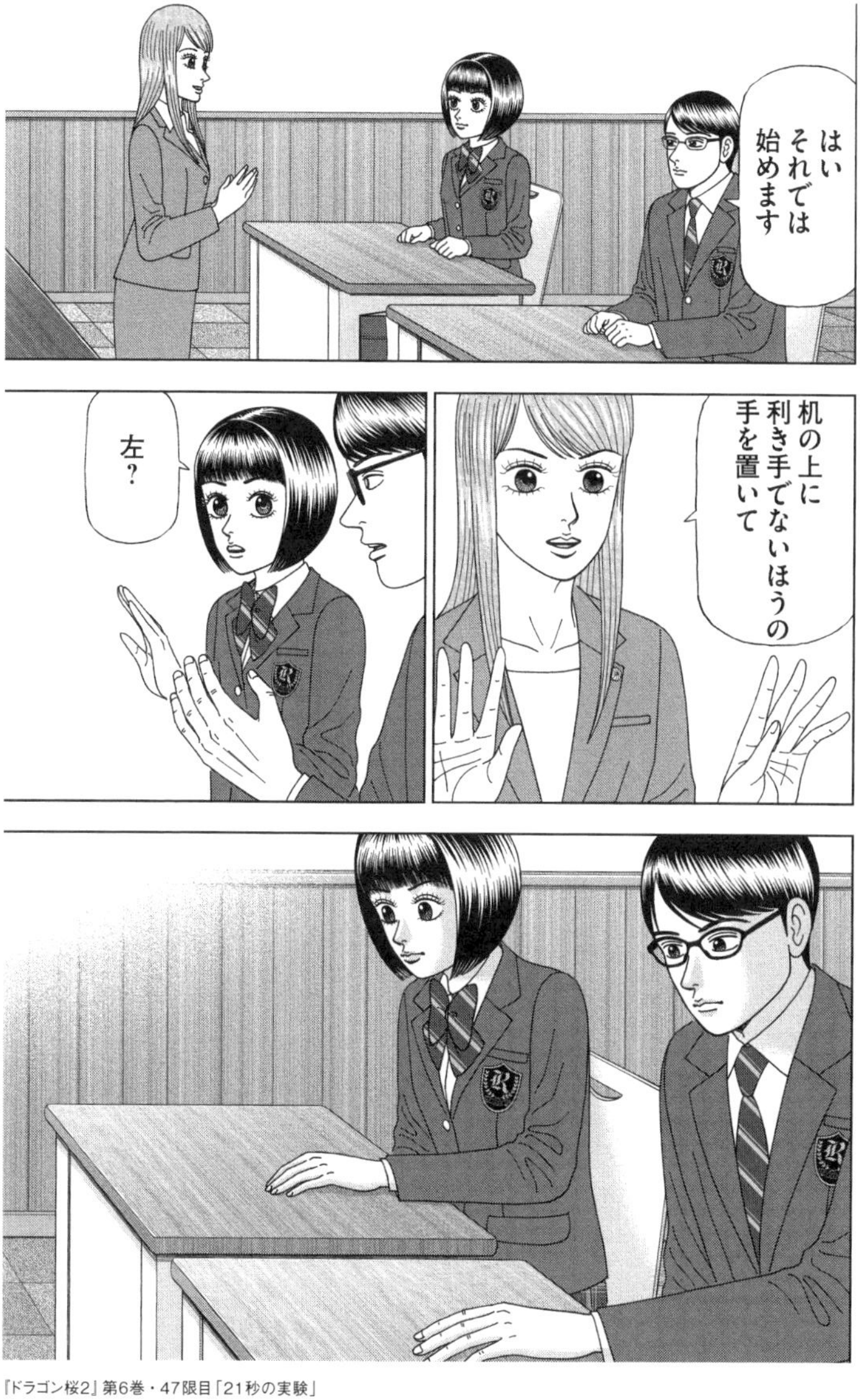
はい それでは始めます
机の上に利き手でないほうの手を置いて
左？
『ドラゴン桜2』第6巻・47限目「21秒の実験」

今から21秒間
小指で机を
100回叩いて下さい
21秒間で
100回……
左手の
小指で?
ちょっと
練習してみよう
そうそう
トン
トン
トン
トン
トン
トン

21秒間で100回？
利き手と逆は
かなりキツイ
ハイスピードで
連打しないと
100回いかないよ
これ
なんの実験ですか？
終わってから
説明するわ
じゃ
いくわよ
用意……
スタート！

『ドラゴン桜2』第6巻・47限目「21秒の実験」

タッ タッ タッ
タッ タッ タッ
1 2 3 4 5
6 7 8 9 10
タッ タッ タッ
1 2 3 4 5
6 7 8…
タッ タッ タッ
1 2 3 4 5
6 7 8 9 10
タッ タッ タッ タッ
1 2 3 4……
うわあ
タッ タッ タッ

『ドラゴン桜2』第6巻・47限目「21秒の実験」

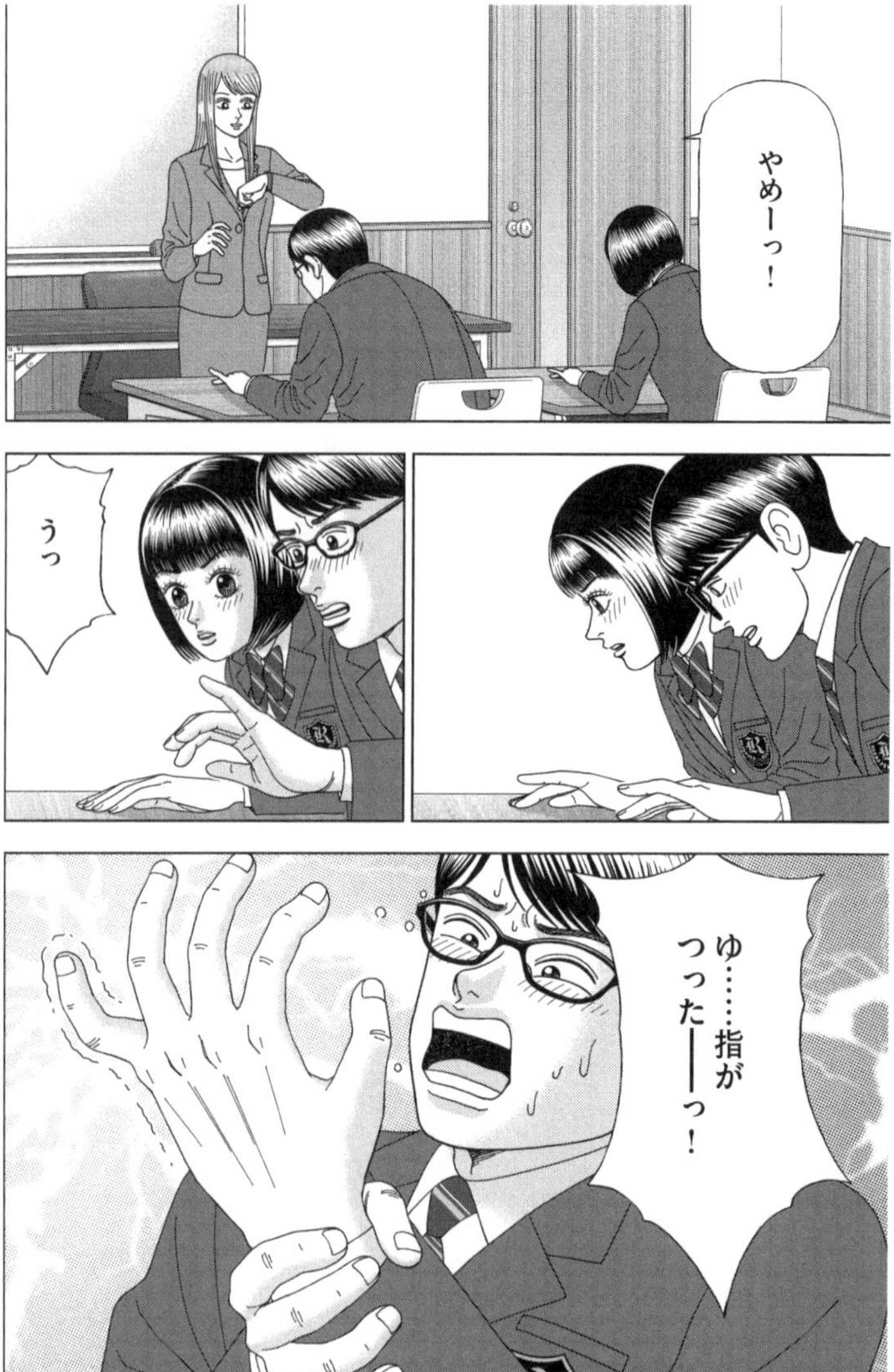
やめーっ！
うっ
ゆ……指が
つった――っ！

『ドラゴン桜2』第6巻・47限目「21秒の実験」

真面目な天野は、指がつって苦しみながらも、律義に100回やりきりました。一方、早瀬は、途中で適当にごまかしていて、実はやりきっていません。みなさんは、どうだったでしょうか。努力できるタイプがどちらかといえば、もちろん天野で、早瀬は努力できない脳の持ち主です。

努力が苦手な人は、損得勘定が強い

先ほどの論文によれば、努力できるタイプとそうでないタイプの人では、脳にある次の3つの部位の働きが違うそうです。『ドラゴン桜2』でもご紹介しています。

①左線条体《ひだりせんじょうたい》
②前頭前皮質腹内側部《ぜんとうぜんひしつふくないそくぶ》
③島皮質《とうひしつ》

①と②は、快楽を感じるために重要になる「報酬系」の一部。③には、損得勘定を計算する働きがあるそうです。

「努力できる脳」の持ち主は、①と②の働きが活発で、報酬を予測することで快楽を得ています。それが努力の推進力になるわけです。一方で、③の働きは鈍くて、損得勘定はあまりしていません。「努力できない脳」の持ち主はその逆で、報酬を予測する働きが弱い一方で、損得勘定は活発なので、「こんなことをしても割が合わない」という理由で努力を中断しがちです。

言葉を換えれば、努力できない人というのは……

「こんなことやっていて、意味があるのかな？」

……という疑問を抱きやすい、ということです。脳の構造として、そう感じやすくて、努力の途中でつい立ち止まってしまうわけです。

東大生は「努力家」なのか？

さて、ここからが本題です。

僕はこの実験を、東大生10人以上にやってもらいました。東大生は果たして、努力できる脳の持ち主なのかどうかということを調べたのです。

結果は意外なものでした。

僕は、東大生には「努力できる脳」の人のほうが圧倒的に多いのではないかと考えていましたが、そうではありませんでした。ほぼ半分に分かれて、「努力できない脳」の人のほうが少し多いくらいでした。

つまり、**「努力できる脳」であるかどうかは、東大に合格できるかどうかに、ほとんど関係ない**。むしろ**「努力できない脳」のほうが有利である可能性もある**んです。

なぜ「努力できない脳」の持ち主が、東大に合格できるのか？

その答えが、『ドラゴン桜』のなかにあります。


桜木先生が、龍山高校の先生たちに、ちょっとした心理テストをします。その目的は、東大合格者を出すために、「東大に入る人はそもそもどういう考え方をするのか」を理解させること。

みなさんも、ぜひ一緒に考えてみてください。


まず、目の前に川があると仮定します……

川幅は約20m
流れは遅く深さは最大で腰のやや下ぐらいまでだが上流にも下流にも橋は見当たらない
向こう岸にどうしても渡りたい…さあ井野《いの》先生どうする…?
どうって…橋はないけど渡らなきゃいけないんでしょ
濡れるのはイヤだけど靴を脱いで川の中を歩いて渡るわね

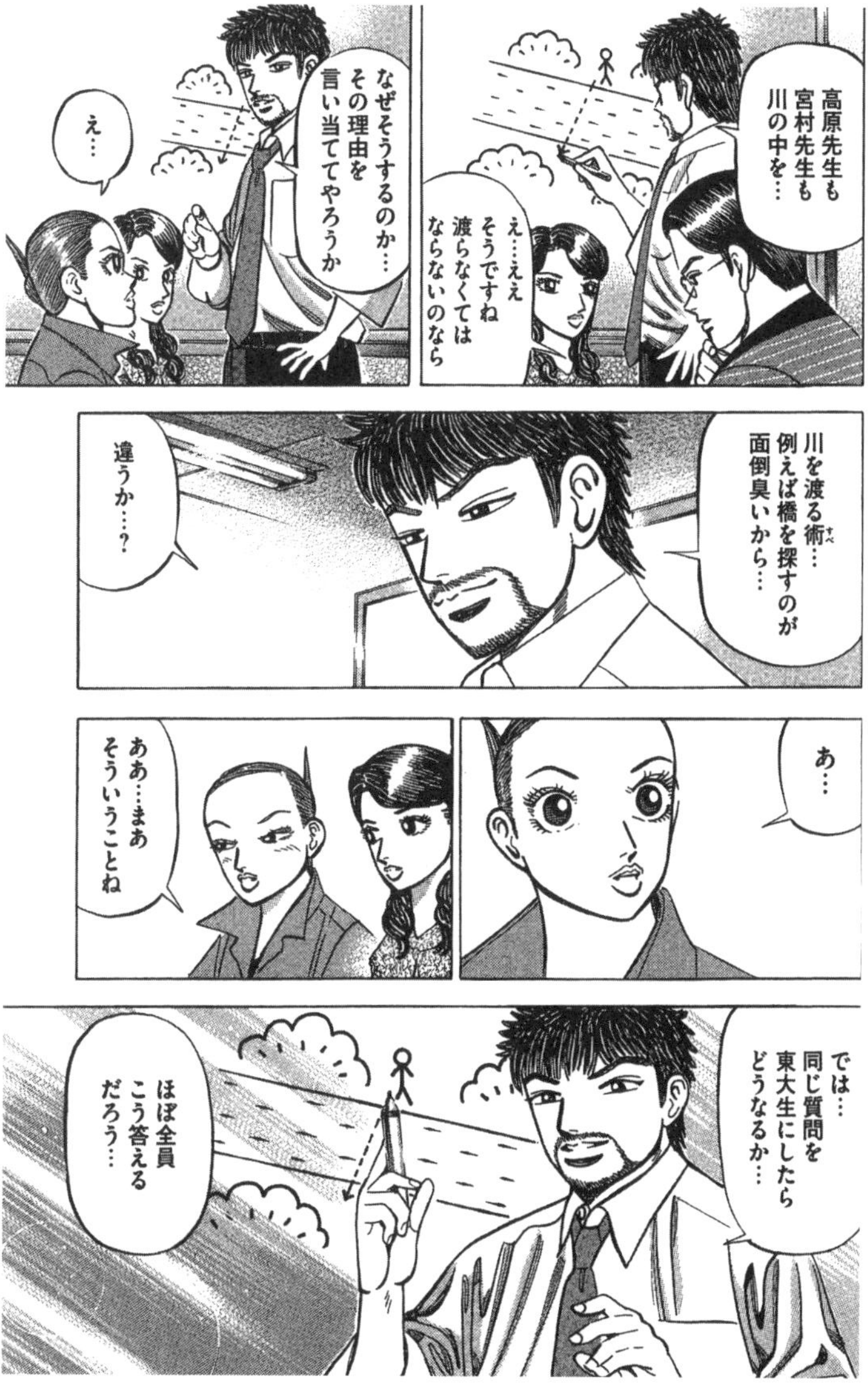
高原先生も宮村先生も川の中を…
え…ええ　そうですね　渡らなくてはならないのなら
なぜそうするのか…その理由を言い当ててやろうか
え…
川を渡る術《すべ》…例えば橋を探すのが面倒臭いから…
違うか…？
あ…
ああ…まあ　そういうことね
では…同じ質問を東大生にしたらどうなるか…
ほぼ全員こう答えるだろう…

『ドラゴン桜』第12巻・108限目「面倒臭い」

自分だったら濡れずに楽《らく》に渡れる方法を探す…とね
どうやって？だって橋はないんでしょ？
橋はなくても渡し舟があるかもしれない
まずは民家を探してそこに住む人にどうやって川を渡っているのか尋ねることもできる…
ああ…なるほど…
そんな…あるかもわからないものを探して回るなんてイヤよ…面倒臭いわ
ところが…東大へ行くやつの発想は違う…
たとえ遠回りに思えてもまずは情報を集める

あいつらは…濡れるリスクを冒して川に入って自力で渡るほうが面倒臭いと考えるのだ
自力で渡るのが面倒臭い…
だからって民家や橋を見つけるまで延々と歩くわけ？
時間の無駄よ頭悪いわ
あいつらは決してそうは思わない
頭とは…自分の力を極力使わず楽《らく》をするために働かせるものだからな
情報集めのほうが絶対面倒よ
安易に川に入って濡れて歩くほうが後々大変になると考えているんだ

『ドラゴン桜』第12巻・108限目「面倒臭い」

キーワードは「面倒臭い」です。

橋を探したり、船を探したりするのが「面倒臭い」から、足が濡れるのが嫌でも歩いて川を渡るのというのが、井野先生。そんな井野先生は、桜木先生にいわせると「典型的な私立文系頭」の持ち主です。

逆に、自分の足で渡るのが「面倒臭い」と思うから、頭を働かせて情報を探すのが東大生なのである。桜木先生はそう説明します。さらにこういいます。

「人間はすべて面倒臭がり屋…だから創意工夫するんだ」

「面倒臭い」という気持ちこそが、創意工夫の源である、ということですね。

先ほどの研究論文によると、**損得勘定が強すぎると、努力が続かない**のでしたね。**損得勘定が強い人とは、言葉を換えれば、効率的に物事を進めたがる人**です。

努力できない脳を持つ東大生はおそらく、努力できる脳の東大生より、勉強時間こそ短かったかもしれませんが、その分「いかに効率的に、最短の勉強時間で最大の成果を出すか」を、徹底的に考えていたのでしょう。

「こんなことやっていて、意味があるのかな?」――そう思って、立ち止まりやすいのが「努力できない脳」の持ち主でした。そういう人は、逆に「ムダなことをしないで、ゴールに近づく」というアプローチは得意です。「面倒臭い」と思うのは悪いことではありません。

むしろそう思うからこそ、効率化が可能になるわけです。逆に「努力できる脳」の人には、時間ばかりをかけて結果が出ないというタイプの人がいます。

こう考えると**「頭がいい」ことと「努力ができる」ことは、別の問題**で、特別な関係はなさそうです。

ただし、受験や仕事で結果を出したいとなれば、「効率化」は強い武器となります。「効率化」は「努力できない脳」の持ち主の特技ですが、努力家タイプの人も、ぜひマネしたいですよね。

ここで大事なのが「メタ認知」です。僕の調査によると、**東大生には「努力できるタイプ」の人もいれば、「努力できないタイプの人」もいる**わけです。ただし、**東大生の場合、自分がどっちのタイプかを自覚している人が多い**気がします。

つまり、努力ができちゃうタイプの東大生は、自分がムダな努力をしがちなことに気づいていて、そうならないように自制しています。逆に努力できないタイプの東大生は、効率化という強みをフル活用しながら、必要なときには努力が継続できるように、なんらかの仕組みを導入するケースが多いです。上手に手を抜いているわけですね。

そのために必要なのは、自分の現状を客観的に把握する「メタ認知」という能力です。受験勉強で磨かれる「メタ認知」については、本書でのちほど詳述します。

計画力

頭がいい人は

スケジュールを立てない

——長期計画に必要なのは「時間割」ではなく「やることリスト」

今回は、夏休みの勉強について考えてみます。

夏休みの勉強は、多くの子どもにとって人生で初めて取り組む「長期計画」。夏休みの勉強方法について考えることは、仕事でも重要な「長期計画の遂行」について考えることにほかなりません。

おいおい、と、思った読者の方もいらっしゃるかもしれませんね。本書のテーマは「頭がいい人とそれ以外の人の違い」です。長期計画が頭のよさとどう関係するのか、と。

けれど、偏差値35から東大に合格した僕の考えでは、「頭がいい人とそれ以外の人の違い」は、生まれつきの才能というより、日々の積み重ねの差が大きくて、**長期計画の遂行は、後天的に頭をよくするために欠かせないピースのひとつ**です。

長期的な計画を立ててそれを実行していく、というのは非常に重要なことですが、いざ

夏を制した者が
受験を制す！
受験日程が1月から2月
という原則が
変わらない限り
夏に基礎を鍛えた者が
秋に向上し冬に戦える
ようになるのだ

『ドラゴン桜』第8巻・75限目「夏休みの過ごし方」

やってみるとなかなかうまくいかない、という人も多いかと思います。目的をしっかりと見据えて、努力を積み上げていくということが「できる人」と「できない人」は確かにいて、それは学力の面でもそれ以外の面でも大きな差を生むものではないでしょうか。

夏休みの勉強に「時間割」を作ってはいけない

夏休みは受験の天王山です。『ドラゴン桜』の桜木先生もいっていましたね。夏を制したものが受験を制す、と。

夏休みの勉強は受験の合否を分ける重要なものですが、そうであるにもかかわらずあまりうまく勉強できない、という人も一定数います。だからこそ天王山なんですよね。僕もそうでした。夏休みに勉強するぞ！と意気込んでも、夏休みの最後には学校の宿題すら終わっていない……なんてことがよくありました。

夏休みの勉強のような長期計画をしっかりと遂行していくために必要なのは、気力だけではありません。スキルが必要です。そして、最初に断言しておきたいのは、**長期計画を立案する際には、スケジュールを作ってはいけない**ということです。

「え？」と思う人は、『ドラゴン桜』を読んでみてください。

『ドラゴン桜』第8巻・75限目「夏休みの過ごし方」

何かを始めようとする時
綿密なスケジュールを
立てて　それに沿って
行動するのが最善だと
思いがちだが
この固定観念が
そもそも
間違いだ
ええ…
どこが
いけないの？

まずどれだけ綿密な計画であってもその通り実現できる人など稀《まれ》だろう
実現できないのは精神力の弱さが原因なのではなく時間割を作るという計画の立て方に問題があるからだ
どこに問題があるのかそれは……
お前たちが計画を立てると結局は中身が願望の塊になってしまうからだ

『ドラゴン桜』第8巻・76限目「マーキング勉強法」

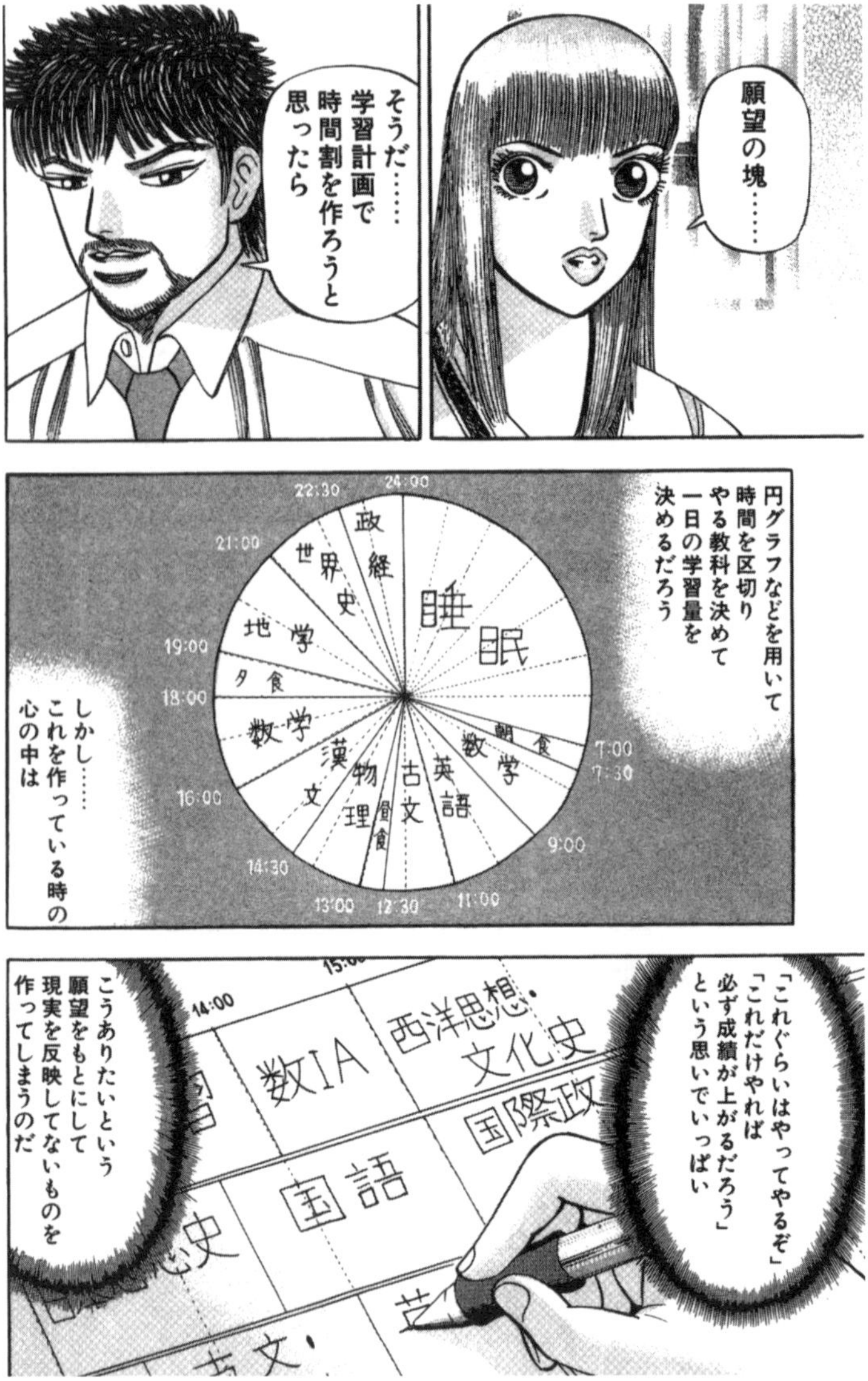
願望の塊……
そうだ……学習計画で時間割を作ろうと思ったら
円グラフなどを用いて時間を区切りやる教科を決めて一日の学習量を決めるだろう
24:00
睡眠
朝食
数学
7:00
7:30
英語
9:00
古文
11:00
昼食
12:30
物理
13:00
漢文
14:30
数学
16:00
夕食
18:00
地学
19:00
世界史
21:00
政経
22:30
しかし……これを作っている時の心の中は
「これぐらいはやってやるぞ」「これだけやれば必ず成績が上がるだろう」という思いでいっぱい
14:00
数IA
西洋思想・文化史
国際政
国語
こうありたいという願望をもとにして現実を反映してないものを作ってしまうのだ

『ドラゴン桜』第8巻・76限目「マーキング勉強法」

勉強にかぎらず、長期計画を「スケジュール」で考える人というのは多いですよね。

「10時から12時まで数学！」

「12時から13時まで昼休み！」

「13時から1時間で英語を終わらせる！」……といった具合です。

計画には願望が混じりがち

しかしこれ、意外と非効率なんです。桜木先生も指摘する通り、**事前に作ったスケジュールには願望が混じりがちで、うまくスケジュール通りにいかない**ということが多く発生します。突然のトラブルもありますし、気分の問題だってありますよね。「今は数学の気分！」というときに、スケジュールが英語だったらやりたくないですし、単純に「気乗りしないな」ってこともあると思います。そして何より嫌なのは、そうやってスケジュール通りにいかなくなったとき、やる気も一気になくなってしまうことです。

だからといって、無計画に勉強してもダメですよね。じゃあ、どうしたらいいか。桜木先生は、コンビニのチェーン展開の方法にヒントが隠されているといいます。

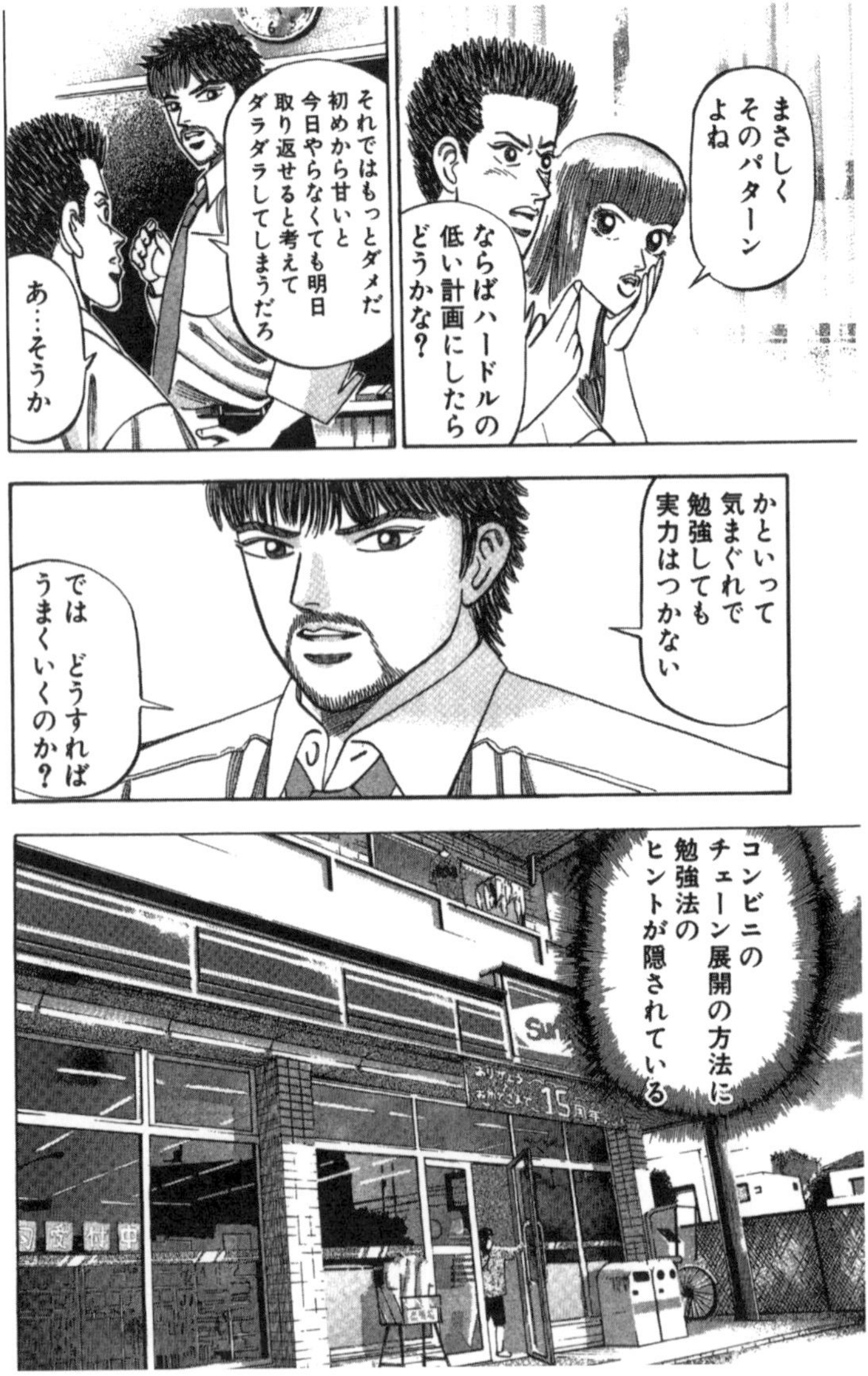
まさしく
そのパターン
よね
ならばハードルの
低い計画にしたら
どうかな？
それではもっとダメだ
初めから甘いと
今日やらなくても明日
取り返せると考えて
ダラダラしてしまうだろ
あ…そうか
かといって
気まぐれで
勉強しても
実力はつかない
では　どうすれば
うまくいくのか？
コンビニの
チェーン展開の方法に
勉強法の
ヒントが隠されている
15周年

初めから全国展開するスケジュールを決めて全国に一気に出店するわけではない
それだと失敗した時のリスクがあまりにも大きい
まずは一号店を出してそこで試行錯誤を重ね成功のためのノウハウを蓄積する
それをもとに類似した商圏に順次出店していき店舗数を拡大していく
壮大なものではなく一つ一つの地道な積み重ねの上にあるものが現実味の伴った計画だ

『ドラゴン桜』第8巻・76限目「マーキング勉強法」

ふーん そうかあ納得
では 勉強に当てはめてみると……
40日間で何をするかといった長期計画は立てない
その代わりに毎日のノルマを決める

『ドラゴン桜』第8巻・76限目「マーキング勉強法」

つまり「スケジュールを決めるな、ノルマを決めろ」。これが、桜木先生の主張というわけです。

いつまでに、これだけのことを終えるという、ざっくりしたノルマだけを決めておいて、細かいスケジュールまでは考えないようにする。

こうすることで、毎日の気分に応じて勉強できますし、ノルマが終わったら遊んでもいいと考えると、やる気も湧いてきます。「今日は英語の気分！　一気にやって、早く終わったらゲームでもするか」と、のびのび勉強できるわけです。また、突然の用事が入って予定通りにいかなくなっても、調整がきくので、やるべきことを着実に実行できます。

つまり、勉強の長期計画は、スケジュールではなく、ノルマにしたほうがはかどる。だとしたら、スケジュールを作る必要はなくなります。

必要なのは、ノルマを作るのに不可欠な「ToDo リスト」です。

夏休みの最終日に、何を終わらせていたいか？

夏休みを前にした中学生や高校生に、僕はよく、こんなことを聞きます。

「8月31日、みなさんは何を終わらせていたいですか？」と。

こう聞くと、みんないろんな答えをくれます。中高生には大抵、夏休みの間に「終わらせておきたい勉強」があるわけです。「夏休みの宿題」とか「1学期の復習」とか、それを終わらせないことには、夏休みなんて終われない、というものが存在しています。

まず必要なのは、それらをきちんとリストにするということです。

やるべきことが終わらないのはなぜかといえば、大抵の場合、そもそも、その「やるべきこと」がきちんと明確になっていないままに、ただぼんやりと勉強していたり、仕事をしていたりするからなんですよね。

だからこそ、長期計画を立てる最初の段階で、「終了時点で終わらせておきたいこと」を全部、箇条書きにしてまとめた「ToDo リスト」を作成することが必要で、長期計画の立案と遂行のポイントは、ここにあると思います。

やるべきことを細分化しよう

重要なのは、細分化です。具体化といってもいいでしょう。最初の段階で、まず自分はこの長期計画の最終日に何を終わらせていればいいのか、ということを細分化して考えてみる、ということです。

生徒の多くは、なんとなく「数学を頑張りたい」とか「英語の復習をちょっとやっておきたい」とか、そういうぼんやりした目標しか持たずに夏休みに突入します。しかし、ぼんやりした目標ではやるべきこともあやふやで、結局、何も終わらないまま夏休み最終日を迎えてしまいます。

長期計画で大切なのは、終わらせるべき課題が何なのかを最初に具体的にすること。「数学を頑張る」ではなく「この問題集を70ページ終わらせる」、「英語を復習する」ではなく「英語の1学期のまとめノートを作りなおす」など、タスクを細分化して、終わらせたいものを明確にすることです。仕事の計画にも、似たところがあるのではないでしょうか。

合格する人には「これだけやれば受かるリスト」がある

東大生を取材すると、受験生時代に「自分が試験当日までにやっておかなければならないこと」をまとめた「ToDoリスト」を準備していた人が多いです。そこに「願書提出」といった事務的なタスクまで入れているケースもあります。

この「ToDoリスト」は、言い換えれば「これだけやれば受かるリスト」です。このリストがあれば、「これだけはやりきる」という軸をぶらすことなく毎日すごせます。しっかりゴールを見据えて勉強できるというわけです。

僕のお勧めは、それぞれの「ToDo」をすべて付箋にして、一枚の紙の上に全部貼っておき、終わったら付箋をはがしていくという勉強法です。付箋の枚数を数えておいて、毎日何個の付箋を終わらせればいいのかだけ把握しておけば、その日の自分の気分に合わせてどの付箋のタスクをやるかを選べます。数学をやりたい気分なら数学、英語をやりたい気分のときに英語をやるという具合に、無理なく取り組んでも、やるべきことはきちんと全部、終えられます。やらなくてはならないことの総量は見えているので、やりたいことをやりながら、やるべきことが終わるように、柔軟に調整していけばいいのです。

いかがでしょうか。どんなに才能があっても、勉強を「継続」できなければ、なかなか「頭がいい」とはなりませんよね。自分に無理を強いることなく継続するため、「やることリスト」を作ってノルマ型の長期計画を試してみていただければと思います。

仕事に自分を合わせるのでなく

ちなみに「気分に合わせて勉強する」ことの大切さは、ジャパネットホールディングス社長兼CEO（最高経営責任者）の高田旭人さんも、強調されていました。1年浪人して東大に入学された高田さんは、受験生時代に「自分の判断で休む時間を設ける」ということを大事にされていたそうです。以前にインタビューさせていただいたとき、こんなことをおっしゃっていました（以下、『東大メンタル』から引用）。

「誰かに許可を得て休むわけでなく、自分のルールで休むと決めるのは気持ちいいものです。きついときに休めるように、普段は頑張ろうという方向に意識が向かっていきました」

「仕事も勉強も同じだと思いますが、仕事のタイミングに自分を合わせるのでなく、自分のタイミングに仕事を合わせるのが、モチベーション持続のコツだと思います。

苦手な科目や、負担の重い仕事、クリエイティビティーが要求されるような仕事は、気持ちが乗っているときに『今だ！』と思ってやる。逆に、今ひとつ乗らないときは、負担の軽い仕事や単調な仕事を片づける。そういうふうに自分に仕事を合わせられる状態をつくるのに必要なことは、選択権を持てるように、日頃から早め早めに仕事を片づけておくことです」

経営者として大活躍されている高田さん。受験勉強の経験が、仕事にも生きているのですね。

こだわり力

頭がいい人は

「小テストの満点」にこだわる

――小さな挑戦の積み重ねで「基礎体力」を上げていく

頭がいい人とそうでない人を分けるものは何か？　本書のテーマであるこの問いに対し、漫画『ドラゴン桜』シリーズの作者、三田紀房先生はこうおっしゃっていました。

「小さいことに対してどれだけ本気で取り組めるかだ」

僕らはよく、知らず知らずのうちに手を抜いてしまいます。学校であればちょっとした小テストに対して全力で取り組むことって少ないですよね。満点を意識して狙いにいく生徒なんてごく一握りで、終わってみて7割もできていれば、「まあ、いいや」と思ってしまう生徒も多いでしょう。

ビジネスでも、ちょっとしたメールを本気で書く人って少ないと思いますし、ちょっとしたミーティングのために一生懸命プレゼン資料を作ってくる人ってあんまりいないですよね。

みんな、なんだかんだ、どこかで手を抜いていて、ちょっとした何かに本気で取り組む人って少ないのです。

しかし、頭がいい人であればあるほど、小さな課題に対して本気で臨むものです。

パーフェクトを狙うから、頭がよくなる

学校の小テスト、ちょっとしたメールや資料作り……そういうときでも全力を出し切る人、妥協を許さず、ある意味で自分に対する厳しさがある人が、東大生には多いです。

頭がいい人は「頑張りすぎない」という話も本書ではしたので、矛盾を感じるかもしれません。けれど、全力で取り組むといっても、しょせんは小さな課題です。**パーフェクトが狙えるものなら、貪欲にパーフェクトを狙いにいくのが、頭がいい人**たちの特徴です。

効率を追求しながらも、そんなふうに「完璧」にこだわる人のほうが、明晰《めいせき》な頭脳を得やすいのだと思います。「獅子は兎を捕らえるにも全力を尽くす」といいますよね。これは「クレバーな人ほど、簡単な課題であっても全力で取り組む」ことのたとえですが、逆にいえば、簡単な課題であっても全力で取り組むからこそ、人生で成功するし、頭がよくなるのではないでしょうか。

タレントの小倉優子さんの大学受験を、チーム「ドラゴン桜」としてサポートした話を、第1章でしました。

受験勉強における最初のハードルは、なんだかんだいっても暗記です。中学レベルの知識も曖昧なところから、大学の受験勉強を始めた小倉さんであればなおのことです。

入試まであと1年ほどという時期から勉強を始めた小倉さんに、僕らはまず、暗記の課題を設定しました。6月までに「英単語1900語、難読漢字500語、古文単語600語」という課題です。

勉強における暗記とは、スポーツにおける筋トレ

暗記というと何かレベルの低い勉強であるように思うかもしれませんが、誤解です。すでにお伝えしたように、丸暗記を避ける方法もありますし、避けられるなら避けたいのも事実です。暗記の本質とは、突きつめれば勉強における筋トレのようなもの。**勉強を継続する基礎体力は、基礎的な学習を通じて鍛えられ、そこには暗記も含まれます。**

こうした基礎の徹底こそが、志望校合格につながる王道です。『ドラゴン桜』では、次のように説明しています。

では……どうやって偏差値を伸ばすのか
手っ取り早い解決策は
知識を単純に増やせばそれで済む
暗記物の科目でがんばれば2や3くらいならすぐに上がる
しかし必死に暗記しても張子の虎大きく伸びはしないではどうするか

『ドラゴン桜』第4巻・38限目「偏差値」

まず〝勉強体力〟をつけることが大切だ
〝勉強体力〟?
そうだ
スポーツ競技で勝つためにはまず強い筋力とスタミナが要求されるように
勉強にも最後までやり遂げられる基本的能力が必要

その基本的能力こそがまさに基礎学力なのだ
具体的には徹底した基本問題の反復
基礎学習が全ての根源でありまさに王道
まず基礎をしっかり固めるのが偏差値を上昇させる条件の一つだ

『ドラゴン桜』第4巻・38限目「偏差値」

小倉さんの受験勉強のサポートでは、まずは、とにかく基礎知識を頭に入れてほしいということで、毎週、単語テストをしました。問題数は英単語200語からスタートして、だんだんと増やしていきました。

小倉優子さんに「バカ鉢巻き」を求めた理由

ただテストをするだけではありません。「満点以外は認めません」ということで、1問でもミスがあれば「バカ」と書かれた鉢巻きを巻いてもらいました。『ドラゴン桜』にも登場した「バカ鉢巻き」ですね。逆に満点ならば、厳選スイーツのご褒美が出ます。

小倉さんは英単語のテストでは満点を連発しましたが、漢字テストで一度、200点満点中196点に終わったことがあり、バカ鉢巻きを巻きました。「追及」と書くべきところを「追求」と書くといったミスがあり、悔しがっていらっしゃいました。

これに対して、「満点以外認めないのはちょっときついんじゃない?」「200点も196点も変わらないだろうに」と思う人もいるでしょう。でもダメなんです。

『ドラゴン桜』に、計算問題100問を10分で解く小テストで満点を取れなかった矢島を、伝説の数学教師、柳鉄之介《やなぎてつのすけ》先生が叱る場面があります。

まだ中学生レベルの数学だ！
これくらい満点取れなくてどうする！
100問だぞ！
しかも7分とか6分……
5、6個間違ったくらいどってことねえだろ！
どうってことない……だと？

『ドラゴン桜』第2巻・11限目「満点をとれ!」

ひとつ不正解で99点は0点と同じ！
満点以外は意味がないんだ！
ムチャクチャ言うなよ……
99点で満足するやつは 次のテストで98点でもだいたい良しとする
そうすると97、96でも許してしまう

そうやって妥協する自分を甘やかす！

楽なほうへ自分を逃がす！

そうやって今まで生きてきたんだ！矢《や》島《じま》あっ！

う……うるせえ！

あとは言い訳だ！自分の甘さを棚に上げてみんなまわりのせいにする！お前の場合はなんだ！親か……兄弟か!?

だ……黙れ！クソジジイ！


『ドラゴン桜』第2巻・11限目「満点をとれ!」

１００問もあるのだから、５、６問くらい間違ってもいいじゃないかと主張する矢島に、そうやって妥協し、自分を甘やかして今まで生きてきたんじゃないかと、柳先生は厳しく問います。「99点は0点と同じ！」なのだと。

確かに、「満点じゃなくてもいい」という心の緩みは、必ずどんどん広がっていってしまいます。1問のミスを許すと2問ミス、3問ミスをずるずると許してしまうことになるものです。ちょっとした小テストであったとしても、満点でなくていいと妥協するその心の緩みは、受験本番に大きく響いてきます。

どうして「99点は0点と同じ」なのか？

この問題の本質は、「成功と失敗をしっかりと切り分ける」ということです。

何かを実践すると多くの場合、「成功なのか失敗なのかが、わからないライン」というのが出てきてしまいます。例えば１００点満点のテストで90点だったときに、それが「成功」なのか「失敗」なのかの判断は難しいですよね。なかなか線引きできないと思います。「次のテストではいい点を取りたい」という生徒は多いですが、その子に「じゃあ、いい点ってどれくらい？」と聞くと、あんまり考えていなかったりするものです。

だからしっかりと、成功のラインを決めておくこと。「満点以外は認めない」「満点が取れなかったら罰ゲーム」というように、しっかりと成功と失敗を切り分けておくことで、「テストを受ける」というその挑戦が、張り合いのあるものになっていきます。

仕事でも同じでしょう。例えばプレゼンであれば「上司からこういう一言を引き出す」、メールであれば「こんな返信が返ってくるように送る」というように、しっかりと成功のラインを決めておくことは大事だと思います。**「成功と失敗を分けるライン」さえあれば、どんな小さな仕事であっても「挑戦」になります**。

成功のラインを決めても、自分一人で自分を律するのは難しいと思うかもしれません。でも、自分で自分に罰ゲームとご褒美を決めておくことはできます。

成功のラインが設定されていれば、その基準に達しなかったとき、「今回はうまくいかなかった」と認めることができます。失敗を失敗として受け止めて、「もっとこういうところを工夫しないといけないんじゃないか」と考えることができます。「100点満点が目標」で結果が90点だったということは、10点分は改善できるポイントがあるということです。逆に「90点で成功」だと決めておけば、90点を取れた自分を褒めてあげられます。目標を確かに達成したという満足感は、次のより高い目標に向かうモチベーションになるはずです。いずれにしても、今回の挑戦を次に生かすことができます。

けれど、成功と失敗の線引きが曖昧だと、100点満点で90点を取ったとき、それを「なんとなくいい点が取れたな」と捉えてしまいます。成功とも失敗とも思わないので、次に生かせなくなってしまいます。90点を成功と捉えるか失敗と捉えるかは人によりますが、どちらと捉えるにしても「こっち（成功／失敗）なんだ！」と強く認識できるのであれば、きっと成長につながっていくはずです。

日々の小さな営みを、「挑戦」に変えていく

『ドラゴン桜』の初代担当編集の佐渡島庸平さんは、「人生は成功を積み重ねるものではなく、挑戦を積み重ねることだ」とおっしゃいます。

その通りだと思います。逆にいえば、僕たちはなんとなく「挑戦」を避けてしまっていることが多いと思います。日々の小さな営みに、成功や失敗の判定を下すのは勇気の要ることかもしれません。怖いかもしれないけれど、そこの線引きをはっきりさせることが、佐渡島さんのいう「挑戦の積み重ね」です。

「小さい挑戦を繰り返して、本気で悔しがったり喜んだりする経験」を自分から作っていくこともまた、自分で自分の頭をよくするための一歩といえるのではないでしょうか。

『ドラゴン桜』第2巻・16限目「白紙の問題」

頭がいい人は

アップデート力

最新ツールを試す

——スマホアプリは毎月2個追加、テクノロジーを味方につける

突然ですが、みなさんのお手元に今、ご自分のスマートフォンはありますでしょうか？

もしも今、お手元になければ、持ってきてみてください。そもそもスマホを持っていないという方がいらしたら、愛用のタブレットとかパソコンでも構いません。

では、そのスマホやタブレットのホーム画面を見てください。

どんなアプリが入っているでしょうか？

最近ダウンロードした新しいアプリはありますか？

ここ1カ月以内にダウンロードしたアプリは、いくつあるでしょうか？

さらに遡って、ここ1年以内にダウンロードしたアプリは、いくつくらいあるでしょうか？　1年以上前にダウンロードしたアプリと、どちらが多いですか？　それぞれの割合はどれくらいでしょうか？

いきなり何を聞くんだ、と思われるかもしれません。しかし、僕が思うに、これも頭のいい人とそうでない人で違いが出るポイントです。

もしも1カ月以内にダウンロードしたアプリがひとつもなかったという人は、もしかしたら「アップデート力」が足りないかもしれません。

東大生のスマホの特徴

ここでいう「アップデート力」というのは、もちろん、アプリを最新版に更新する「アップデート」に必要なスキルではありません。自分自身を更新する力、いうなれば、新しいものに広くアンテナを張り、そのなかから自分に必要なものを見極め、取りこんでいく力のことを指します。

『ドラゴン桜2』で、桜木先生がこう指摘しています。

東大生が最も優れている能力、それはアップデート力だ――。

僕が個人的に観察するところ、**東大生たちのスマホの中身というのは、1カ月以内にダウンロードしたアプリが平均して2個くらい入っている**状態かと思います。厳密に調べたわけではないですが、「最近ダウンロードした新しいアプリがまったくない」という東大生はほとんど見たことがありません。東大生が優れているのはアップデートの力、というのは実際にそうで、スマホの使い方にも表れています。

では一体なぜ、東大生たちは新しいアプリを入れているのでしょうか。そして、新しいアプリをダウンロードするような「アップデート力」が、頭のいい人の特徴であり、条件であるというのは、なぜなのでしょうか。

それは、「新しい道具があったら、一度は試してみたほうがいい」ということです。いろんな道具を自分で試して、そのなかから自分にとっていいものは残し、よくないものは捨てて残さない。東大生には、そういう習慣づけができている人がとても多いです。

冒頭の質問に戻れば、自分のスマホのなかに、最近ダウンロードした新しいアプリがゼロという人は結構います。この事実が示す通り、一度慣れてしまったやり方を手放して、新しいやり方を取り入れるのは案外、難しいものです。今までのやり方を変えるのが面倒で、新しいものに挑戦したがらない人は多くいます。毎日、少しずつでも自分を変えて、先へ先へと進んでいくというのは、誰もが自然にできることではないのです。そのための「アップデート力」こそ、多くの東大生が身につけている、頭がいい人の条件です。

このような説明に、納得できない人もいるかもしれません。「アップデート、アップデートって偉そうにいうけど、それほどのことなの？　新しいアプリを次々にダウンロードするなんて、ただの新しいもの好きなんじゃないの？ ミーハーなだけじゃないの？」と思うかもしれません。

でも、「新しい道具があったら、とりあえず試す」ことには明確なメリットがあります。

それは「効率がよくなる」というメリットです。

「英単語アプリ」の衝撃

例えば、受験生が最もお世話になってきたであろう「ツール（道具）」のひとつに単語帳があります。文房具店で単語帳を買い、小さなカードを1枚ずつリングから外し、表面に苦手な英単語を、裏面にその意味を書きます。英語の辞書を引いたりしながら、手書きで作るのが、昔ながらのやり方です。自分の苦手な単語を集約したオリジナル教材になるので、完成すれば「効率のいい学習ツール」になりますが、完成までには時間がかなりかかります。

そこに、「英単語アプリ」が登場して、状況が一変しました。英単語アプリとは、紙の単語帳をデジタルに置き換えたツールです。スマホなどにアプリをダウンロードして、覚えたい単語を登録すると、ランダムに出題してくれたりします。単語の登録はコピー＆ペーストでもできますし、アプリにあらかじめ登録されている英単語がわかるかどうかをテストして、自分が間違えた単語だけを出題してもらうこともできます。紙の単語帳のような「自分が苦手な英単語を集約したオリジナル教材」を、はるかに短時間で作れるわけです。紙の単語帳にない機能もいろいろあって、英単語を暗記するための時間を大幅に節約してくれます。今では、東大合格者の多くが英単語アプリを使っています。

変化する「道具」と普遍の「真理」

紙の単語帳の作成はほんの一例で、勉強でも仕事でも、必要不可欠だけど、地味に手間のかかる作業というのは結構あるものです。今までちまちまとやってきた作業を、テクノロジーに頼り、代替してもらえれば、今まで1時間かかっていたことが10分で終わるかもしれません。勉強も仕事も画期的にラクになり、効率が上がります。

僕らは常に変化する時代のなかを生きています。昔では考えられなかったようなことが、どんどん新しい技術によってできるようになっていく。**新しい道具が時々刻々と生まれていくなかで、それらを貪欲に吸収していく姿勢は、この社会を生き抜くうえで絶対に必要なものなのです。**

『ドラゴン桜』第1巻・7限目「古典がカギだ!」

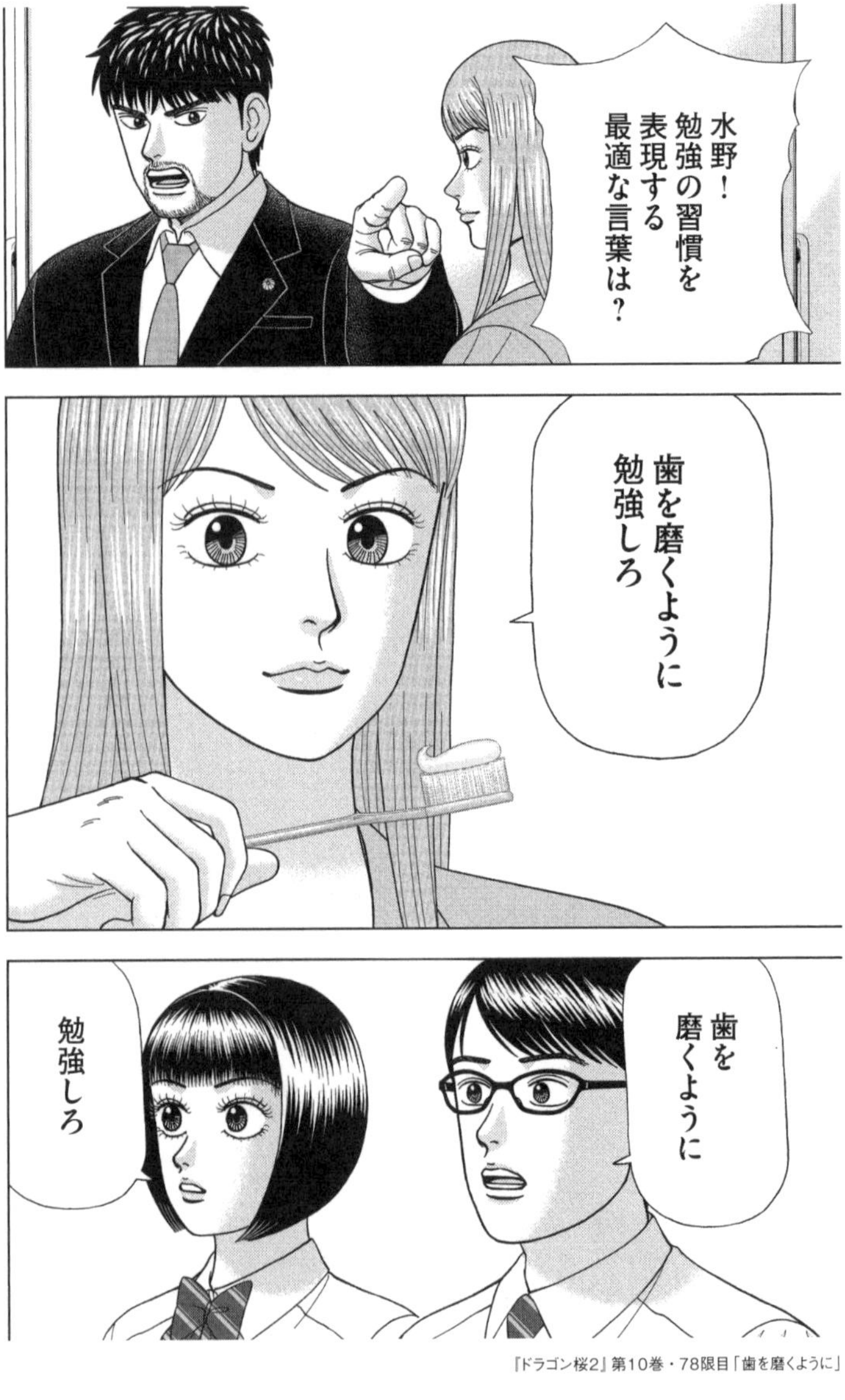
水野！
勉強の習慣を
表現する
最適な言葉は？
歯を磨くように
勉強しろ
歯を
磨くように
勉強しろ

『ドラゴン桜2』第10巻・78限目「歯を磨くように」

どんなやり方が合うかは人それぞれです。自分に合ったやり方を見つけるのが一番ですが、さまざまなやり方を試して、新しいやり方にアップデートしていったほうが、勉強でも仕事でも、効率が上がることは間違いないはずです。
とはいえ、学力を高めたり、仕事で成果を上げたりするためにやるべきことの本質には、時代によって変わらないものも多くあります。例えば……

勉強には「普遍の真理」がある

これは勉強を習慣づけることの重要性を説いた桜木先生の言葉です。この名言は、2003年に連載が始まった『ドラゴン桜』にも、その15年後に始まった『ドラゴン桜2』にも登場し、時代を超える普遍の真理だと思います。

「歯を磨くように、勉強する」

ただ、「歯を磨くように、勉強する」ことが普遍の真理だとしても、実践するためのツールや方法は、時代の変化とともに進化しています。英単語アプリもそのひとつですし、『ドラゴン桜2』で、桜木先生が早瀬と天野に薦めたのは、「三日坊主防止アプリ」の「みんチャレ」でした。

自己啓発みたいな
面倒くさいこと
やってられるか
二人とも
スマホを出せ
スマホ?
このアプリを
ダウンロードしろ

みんチャレ
About
カテゴリーから探す
ダイエット
みんチャレ？
新しい習慣を身につけたい5人がチームを組み
チャットで励まし合いながらチャレンジする三日坊主防止アプリだ
チャレンジしたい習慣を50のカテゴリーから選ぶ！

『ドラゴン桜2』第10巻・78限目「歯を磨くように」

早瀬と天野も登録し5人一組になって勉強する
このアプリを使って毎日勉強する習慣を身につけるんだ
画像を互いに共有し合うのか
自分が勉強した成果を他の人と見せ合うのね
勉強しないとサボってることがチームの仲間に知られてしまう
毎日数学！！
チャレンジ達成率
全期間
54%
直近3日
25%
【受験勉強】数学の勉強を習慣づけたい！という人の為のグループです。
これなら自分に厳しくなれそう
ちょっとでも毎日勉強しようって気になる

『ドラゴン桜2』第10巻・78限目「歯を磨くように」

忘れてはならないのは、**目的があって、道具がある**という関係性です。

「勉強を習慣化する」という目的があって、「みんチャレ」という道具があり、「自分のためだけの英語教材を作る」という目的があって、単語帳があり、英単語アプリがあるのです。

勉強に役立つアプリは、ほかにもいろいろあります。

例えば「Studyplus（スタディプラス）」。自分がどの教科をどれくらい勉強したかを可視化できるアプリです。オンラインで、ほかの人の勉強量も確認できるので、「自分も頑張らないと！」という気持ちになって、モチベーションアップにつながります。

「Trello（トレロ）」は、東大生に愛用者が多い、プロジェクト管理のアプリです。仕事で使われている方も多いツールですが、受験生にもお薦めです。1日のなかでやるべきタスクと、そのためのタイムスケジュールを整理して、直感的にわかりやすいビジュアルで表示することができます。

今の自分に欠けているピースは何か？

これらの道具もやはり、目的があってこそ生きます。勉強を続けるには、モチベーションの管理が必要だから、「Studyplus」を試す。効率的な勉強には、スケジュール管理が欠かせないから、「Trello」を試す、ということです。

東大生は、目標達成のために必要なピースを理解し、それぞれのピースをそろえるのに有効な道具を日々、探して試しています。そして、テクノロジーの力に頼る旨味をよく知っています。それを桜木先生は、「新しい仕組みを丸呑みしていく鯨」に例えていました。**的確な目標設定と貪欲なアップデート力が掛け合わさったときの威力は絶大**です。

僕は何も、新しいものを手当たり次第に試せといいたいわけではありません。周りの人たちがやっているからとか、このごろ流行っているみたいだからという理由だけで、新しいことを始めたり、新しいアプリを使ったりするのは、違うと思います。新しいことを試すのにも時間がかかるわけですから、やみくもに試して、ムダに時間を割いてしまっては、本末転倒ですよね。偶然に、いいアプリを見つけることも稀にありますが、偶然の出合いに期待していては、効率は上がりません。

自分に必要なものが何かを見極めたうえでたくさん試し、自分に合うものを選びとれるのが、「正しいアップデート力」です。この点を、どうか見誤らないようにしてください。

世の中の
新しい仕組みを
鯨のごとく
丸呑《の》みしていく！
これが
東大生だ！

『ドラゴン桜2』第10巻・79限目「アップデート力」

頭がいい人は

あきらめが早い

——努力の限界を見極めて、努力以外の選択肢を探す

「この世の中には努力ではどうしようもないことがある」——こんな言葉を聞いたときに、みなさんはどう思うでしょうか?

「いや、そんなことはない。努力は必ず報われる!」と思われるかもしれません。あるいは、「いや、その通りだ。人生には、どんなに努力してもかなわない夢もある」と共感される人もいらっしゃるかもしれません。

僕はどちらかというと「努力は報われる」と考えるほうです。「やりたい!」のに「できていない」ことがあるとすれば、大抵は「やってない」だけで、「できない」というわけではない。時間をかけてしっかり準備すれば、苦手なことだって克服することができるものだと思います。

しかし、頭のいい人たちを見ていると、意外にあきらめがいいことに気づかされます。「自分の努力ではどうにもならない範囲」というのを、わりと早い段階で特定し、その領域について「どうにかする」ことは、すっぱりと「あきらめる」という決断を下していることが多いのです。

あらかじめ断言しておきたいのですが、これはネガティブ思考とは違います。「どんなに努力してもムダ」とか「結局のところ、才能がすべて」といった悲観論を振りかざすわけではありません。

現実問題として「無理なこと」は存在する

でも、世の中には、現実的に考えて「実現が難しいこと」「自分の力ではどうにもならないこと」が存在します。

「あと1時間で資料を作れ！」といわれても、1時間で終わらせるのは、どう考えても物理的に無理ということはあるでしょうし、東大の入試が明日というタイミングにおいて、これまで全然勉強してこなかった人が「頑張ればなんとかなる！」なんてことはありえません。

これらの課題も時間をかければ解決できると思いますが、「自分の努力でどうにもならない範囲」というのは、明確に存在します。頭がいい人は、その範囲を見極めるのが早いのです。

では、頭がいい人は「自分の努力ではどうにもならない範囲」にある問題に直面したとき、どうしているのでしょうか?

「自分の努力ではどうにもならない」からといって、「問題を解決できない」とは思わないところが、頭のいい人のすごさです。

「自分一人の力を試す」ことの愚かさ

自分の努力ではどうしようもない問題を解決する方法のひとつに、「他人の力を借りる」という方法があります。

『ドラゴン桜』に、印象的なシーンがあります。特別進学クラスで東大を目指す矢島は、実は裕福な家庭の子どもで、母親から現役東大生のカリスマ家庭教師をつけることを提案されるのですが、これを強く拒絶します。「自分一人の力を試したい」という矢島を、桜木先生は一喝します。

理由
ごちゃごちゃって
そんなことはねえよ
俺はただ…
自分一人の
力を試してみたいって
いう考えの何が
悪いんだよ
ただ…何だ？
笑わせんなよ
今…この状況で
自分一人の力だと？
その言葉にどれくらいの
説得力があるのか
それが
わからないほど
お前は
バカなのか！

『ドラゴン桜』第12巻・112限目「東大は甘くない!!」

「自分一人の力だと？　その言葉にどれくらいの説得力があるのか」

「それがわからないほど、お前はバカなのか！」

重たいセリフですが、真理だと思います。

このシーンで桜木先生が矢島を「バカ」というのは、**「自分一人の努力でどうにかなる範囲と、どうにもならない範囲を見極められない」という意味において「バカ」**だといっているのだと思います。**自分一人の力でやろうとしてうまくいかないときに、誰かに頼ろうとする姿勢はとても重要**です。

努力以外の選択肢はないか？

もう一歩踏みこむなら、頼る相手は人でなくてもいいです。自分一人で頑張るのではない方法を、なんでもいいからとにかく探すことが大事です。

「自分一人の努力ではどうにもならない範囲にある問題」に直面したときに、人は大抵、次の3つのうちのどれかを選んで対応します。

A：それでも、がむしゃらに努力する

B：あきらめて腐ってしまう

C：「がむしゃらに努力する」以外の方法を探す

カリスマ家庭教師に教わるというのはCの選択肢です。誰にでも与えられる選択肢ではありませんが、選べる立場にあるなら遠慮することはないというのが、桜木先生のメッセージです。

頭がいい人は必ず、Cの選択肢について考えるものです。Cの選択肢を考えられないと、AとBの二択で堂々巡りになりがちです。

僕の友人に、予備校や塾にまったく通わないで東大に合格した人がいます。進学校の出身というわけではなく、通っていた地方の高校から東大に入った先輩はいませんでした。それでも彼は東大を目指したわけですが、経済的な事情から予備校や塾には行かせてもらえませんでした。

みなさんだったらこの状況でどうしますか？

教科書と手に入れられる範囲の参考書や問題集で勉強して頑張るというのはAですね。

ふとしたきっかけから「東大を目指したい！」と思い立っても、いろいろ調べてみた結果、「予備校に通わないと難しい。お金がなければ無理だ」とあきらめてしまうならば、Bを選んだことになります。「自分でお金を稼いで予備校に通おう」というのもAだと思います。Cに該当するような解決策はなかなか思いつかないもので、**環境的なマイナス要因を覆すのは、簡単ではない**ことがよくわかります。

なぜ、地方出身の東大生に「理転」が多いのか？

では、先ほどの僕の友人はどうしたかというと、基本的には、教科書と参考書、問題集を使って自分で頑張ったのですが、大胆な決断をひとつ下しました。

もともとは文系だったのを理系に変えて、東大を目指すことにしたのです。いわゆる「理転」です。そして東大に入学した後で、再び理系から文系に「文転」して、やりたかった分野を専攻しています。東大の場合、大学3年生になる時点で、進学する学部と学科をあらためて選ぶシステムなので、入学後の文転も理転もわりとしやすいです。

驚くべきことに、**地方出身の東大生には、彼と同じように、理転して合格したという人が結構多くいます**。なぜでしょうか？

東大に合格するには、記述式の2次試験で、高得点を取らなくてはいけません。この記述試験の対策をとるのが、文系の場合、とても難しいのです。

国語や社会では、記述式の問題を解いて、問題集にある解答例を見ても、自分が書いた答えが正しいのかどうかを自分で判断するのは、なかなか難しいです。10点満点だとして何点もらえそうか、よくわかりません。そんな状態では、得点を上げるための対策なんて、考えようがないですよね。このような事情から、地方で独学している生徒が、都会の予備校や塾でプロ教師の指導を受けている生徒よりも高得点を狙うのは、至難の業となります。自分が通っている高校の先生に添削してもらおうにも、東大の2次試験レベルの添削ができる国語や社会の先生というのは、あまりいません。

一方、数学や理科であれば、記述式であっても、答えへの道筋はロジカルで明快なので、独学でもなんとかなりやすいですし、学校の先生に頼むのでも、わりとしっかり対応してもらえます。だから、僕の友人も含めて、結構な人数の受験生が、理転して東大に挑み、合格を勝ち取っているというわけです。

理転して東大を目指すのは、がむしゃらな努力ではありません。けれど、理転すれば、経済的な事情から「予備校や塾に通えない」とか、東大受験に関する情報が豊富な「進学校に在籍していない」といった、「自分一人の努力ではどうにもならないハードル」を、少し低くすることができます。先ほどの3択でいえば、Cの選択肢です。

変えようのない状況を受け入れたうえで、どのように戦うのかを考え抜いて、夢を現実

に変えていく。これこそ頭がいい人たちが実践していることです。

このような文脈における「頭がいい人とそれ以外の人」の根本的な違いは、考え方の違いであり、心の持ち方といってもいいと思います。「自責思考」なのか、「他責思考」なのかという違いです。やりたいことができない責任を、自分に求めるのか、他人に求めるのかという違いです。

「自責思考」と「他責思考」

理転した友人の話でいえば、経済的な事情から予備校や塾に通えないのは、自分の責任ではありません。けれど、東大に行きたいと思ったのは自分自身だから、その夢を実現する方法を考えるのは、自分の責任だと考えることもできます。

他責に流れれば、東大進学の夢はあきらめ、社会を恨むかもしれません。けれど、自分に責任があると考えれば、与えられた条件のなかで、自分にできることを考え抜くしかなくなります。そうやって彼が出した答えが、理転という決断であり、大胆な戦略の根底には、強烈な自責があったはずです。

同じようなことは、仕事でもプライベートでもいくらでもあると思います。

例えば、先ほどの「あと1時間で資料を作れ!」といわれたけれど、どう考えても物理的に無理というケース。指示した上司のムチャぶりだから、自分には責任がないと考える人もいるでしょう。けれど、チームで仕事をしていれば「もうすぐ、こういう資料が必要になりそうだ」ということは、なんとなくわかるものです。だから、そのタイミングで上司に「そろそろ資料を作っておいたほうがいいんじゃないですか」と、声をかけなかったことを反省する人もいます。

自分には関係ないと思ってしまうと、「無理です。できません」で終わってしまいます。けれど、自分にも責任があると感じると、「なんとか問題を解決できないものか」と思います。そういう姿勢で上司と話し合えば、1時間で資料をゼロから作るのは無理だとしても、クライアントに〆切を延ばしてもらえないかとか、以前に作った資料を流用できるかもしれないとか、別の解決策が見つかったりするものです。これらは、がむしゃらに頑張るのでもなければ、あきらめるのでもない、先ほどのCの解決策ですよね。

自責思考は、自虐的になることとは違います。なんでもかんでも「自分が悪かった」と考えるわけではなく、「なりたい自分」が先にあって、自分にできることを考えるという順番です。東大生になりたいから、チームに貢献して成果を上げたいから、そのために自分にできることを考えるわけです。

目標があって努力しているのに結果が出なくて悩む経験は、誰にでもあると思います。

そんなときに「結果が出ていない」という現実を一度受け入れるのは、大事なことです。

結果が出ない理由のなかには当然、自分の努力ではどうにもならない外部要因もあります。

東大を目指したいけど予備校や塾には通えないというのは、それらのひとつにすぎなくて、**この世界は当たり前のように不平等です**。

けれど幸い、**この世界が不平等であるという事実はわりと平等に知らされています**。

だからこそ、外部要因を理由に夢をあきらめることはないと僕は思うのです。そのためにも外部要因については早々にあきらめてしまうことです。外部要因の存在を知ったうえで、「じゃあどうするか」「ここからどうやってゴールを目指すか」と考えられる地点に、できるだけ早くたどり着くことが大切です。

ハードルだって、飛び越えられないほど高いならくぐり抜けたっていいじゃないですか。

社会のルールは、オリンピックの陸上競技ほど厳しくはないですよね。

第3章

頭がいい人の「心の動かし方」

「心」が変われば、思考と行動が劇的に変わる

反省力

頭がいい人は

言い訳がうまい

——失敗と向き合う「勝者の言い訳」が、ミスを減らす

みなさん、「小さなミスをしてしまうことに対して、どうすればいいかわからない！」と感じる場面って多いのではないでしょうか？

ケアレスなミスって、どんなに気をつけていてもなかなかなくならないですよね。メールに書き間違いがあったり、送る相手を間違えたり、英語でスペルミスをしてしまったり、数学で計算ミスをしてしまったり……僕たちはいろんなタイミングでケアレスミスをして、後悔してしまいます。

一体どうすれば、そういうミスをなくすことができるのか？

その答えは、「言い訳をすること」にあります。

「言い訳」というと、「よくないこと」と思うかもしれませんが、『ドラゴン桜』では、**言い訳することの重要性**が語られています。

計算ミスをした
理由をちゃんと
説明したのか？
理由なんて
あるわけないだろ
うっかりミスを
どう説明
しろってんだよ
そのうっかりの
原因は？
だから…
うっかりは
うっかりなんだよ
それ以上何もねえよ
大体もし理由が
あったとしても
失敗したことについて
こと細かに
人に話せるかよ
そんな
言い訳みてえなこと

『ドラゴン桜』第15巻・138限目「言い訳をしろ!」

だから…
その言い訳を
しろってことだよ
何それ…
全然意味
わかんねえ
言い訳なんて
できるかよ
カッコ悪いだろ
そんな惨《みじ》めったら
しいこと
失敗は潔く認めて
後からグズグズ
言わねえのが
男ってもんだろ

『ドラゴン桜』第15巻・138限目「言い訳をしろ!」

数学でつまらない計算ミスをした矢島は、桜木先生に「ミスをした理由」を問われて、反発します。

「理由なんてあるわけないだろ」

「失敗は潔く認めて後からグズグズ言わねえのが男ってもんだろ」と。

そんな矢島に「言い訳をしろ」と、桜木先生はいいます。

「言い訳をきちんとできる人間こそが真の成功を収める」のだと。

桜木先生のいう「言い訳」とは、どういうことなのでしょう？

「敗者の言い訳」と「勝者の言い訳」

漫画ではこの後、東大生の家庭教師、本田美智子《ほんだみちこ》先生が、桜木先生の真意を矢島に説明します。

桜木先生に「言い訳をしろ」といわれて不貞腐れている矢島に、どうしてそんなに腹を立てているのかと、本田先生は尋ねます。すると矢島は、受験のために自分の魂を売り渡すようなことをしたくないのだと主張します。

俺はさ… 受験のためっつって 自分の魂まで 売り渡すようなこと したくねえんだよ
魂… 何それ…
笑いたきゃ 笑えよ
「今さら何 青臭いことを」って 言いたいんだろ
でも 俺は俺の 生き方ってやつを 大事にしてえんだよ
言い訳をするだの 損得で考えるだの 自分の性に合わねえ ことは絶対しねえ
性格を無理に 捩《ね》じ曲《ま》げてまで 東大なんか 行きたくねえ

そうやって言い訳してんじゃない
え…
「男としての生き方を貫《つらぬ》く自分は正しい」
「間違いを押しつける先生が悪い」…「問題の原因はすべて相手方にある」
自分を正当化するための必死の弁解…
それを世間では言い訳って言うのよ
そんなんじゃねえよ俺はただ…
勇介君そういう言い訳のこと

『ドラゴン桜』第15巻・139限目「『たら・れば』思考」

敗者の言い訳って言うの
敗者の…言い訳？
自分の身を守ることだけ考えて問題に立ち向かうことから逃げてる…
桜木《さくらぎ》先生が言いたいのは勝者の言い訳をしろということ
それはつまり「たら・れば」思考…

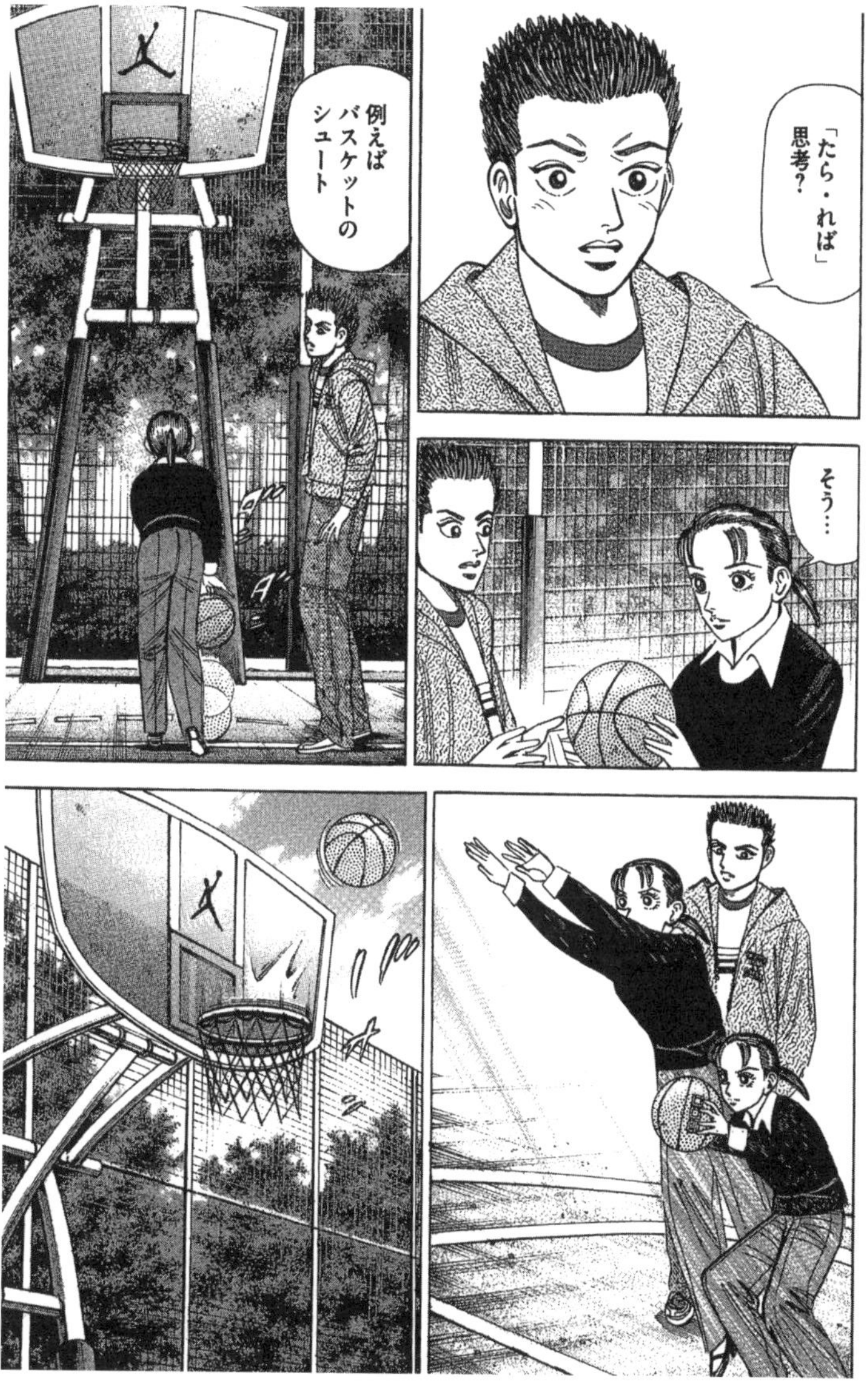
「たら・れば」思考？
例えばバスケットのシュート
そう…

『ドラゴン桜』第15巻・139限目「『たら・れば』思考」

今みたいにリングに入らなかったとして
「こう打ってたら」とか後から考えることは後ろ向きで良くないと言われるわよね
ああ…「終わったことにクヨクヨすんな」って
次に集中した方がいいだろ
それは間違い「たら・れば」は逃げなんかじゃない
次に勝つために失敗から学ぶ「たら・れば」思考は絶対に必要なの
「さっきのシュートは構えが低かったからもっと高く持ってれば…」とか
「打ち出す角度を変えてれば…」とか
失敗の原因を検証してその分析結果を次に…
活《い》かす！

これが桜木先生の答え…
成功する人とは失敗から学べる人
「また失敗するかもしれないから」と失敗パターンを想定し事前に準備を怠らない人

『ドラゴン桜』第15巻・139限目「『たら・れば』思考」

一見　臆病《おくびょう》で
ネガティブに
思えるけど
実は
後から敗者の言い訳を
しないために努力する
ポジティブな人なの
「たら・れば」って
考えることは
決してカッコ悪い
ことじゃない
逆にそういう思考
ができる人こそ
カッコいいし
成功する
だからケアレスミスを
ただのうっかりとか
不注意とかで
片づけてはダメ
その時の心理状態を
自己分析して原因を探り
すぐ改善すること

『ドラゴン桜』第15巻・139限目「『たら・れば』思考」

このシーンで語られている通り、言い訳には2種類あります。

1つは、**自分の身を守ることだけを考えて、問題に立ち向かうことから逃げている「敗者の言い訳」**。

もう1つは、**失敗の原因を検証してその分析結果を次に生かす「勝者の言い訳」**。

頭がいい人がしている言い訳とは「勝者の言い訳」で、「次に同じミスをしないようにするためにはどうすればいいのか」を分析しているのです。

つまり、小さなミスをしたときに「うっかりミス」とか「不注意だった」とか、そういうふうに考えるのではなく、何かはっきりとした理由があるはずだと考え、それを突き止め、しっかりと「次はどうするのか」を考えるということです。

「うっかりミス」は、逃げている証拠

よく僕たちは、ミスをしてしまったときにそのミスから安易に逃げてしまいそうになります。

僕もたくさん経験してきましたが、例えば、ミスをしたことで迷惑をかけてしまった相手がいる場合は、とにかく「ごめんなさい」と謝って早く終わらせたいと願います。相手

がいない自分だけの間違いの場合は、自分のなかでただ悲しんで、すぐに忘れようとして、実際、それで終わってしまう場合が多いです。

ミスなんて忘れたいし、向き合いたくない。その気持ちは痛いほどよくわかります。ですがそうではなくて、**小さなミスでもしっかりと向き合い、「次にこのミスをしないようにするためにはどうすればいいのか」を考える**ということが必要なのです。

それも、「もっと気をつける」とか「注意して何かをする」とか、そういうことではなく、もっと**「仕組み」で解決**できるようにならなければなりません。

「ミス専用ノート」作成の勧め

例えばメールの書き間違いであれば、文面を一度、誰かにチェックしてもらってから送るようにしてもいいでしょう。締め切りの日を勘違いしていたり、いつのまにか締め切りの日をすぎていたり、なんていうミスもよくありますが、誰かに頼んで、前日にリマインドしてもらうという手もあります。英語の試験でスペルミスが多いなら、5分間はスペルミスのチェックに使えるように時間配分を工夫するというのはどうでしょう。

『ドラゴン桜』には「宇宙人」と評される大沢賢治のような、天性の頭のよさを持っている人が出てきます。でも、そんな大沢でも人並みに間違えることはあります。**頭のいい人とそうでない人を分けるのは、間違えたことに対して「傾向と対策」を考えているかどうか。**つまりは「言い訳」を練っているかどうかです。

「ミスする」こと自体は誰でもよくやってしまうことであり、それよりも「ミスに対してどのように考え、行動するか」のほうが重要だということです。

ミスには必ず原因があります。そして「もう二度と同じミスはしないぞ！」という強烈な印象とセットで、「同じミスを繰り返さない方法論」を残しておかないと、結局またミスをしてしまうものです。そのために、言い訳を考えることは重要だということですね。

僕のお勧めの対策は、**「自分のしたミスをまとめた専用ノートを作る」**です。「ダメ集」と呼んでもいいでしょう。

具体的には、次の3ステップで作り、活用します。

STEP1：ノートに、自分がしてしまったミスを記録する。勉強だったら、「ミスした問題」と「答案」のコピーを貼り付けるなど。

STEP2：間違えた原因を究明し、書き残す。その際に、「ミスしたときの自分の感情」や「ミスをしてしまった自分への後悔」も書き残す。

STEP3：テストなどの前にノートを見直して、同じミスをしないようにする。

例えば、「とても焦って問題を解いていたから計算ミスをしてしまった」「bと6を読み違えてしまった」というふうにメモを残しておくと、次に試験を受けているとき、同じような感情や感覚になったり、似たような場面に遭遇したりしたときに、「あのミスをしたときと同じだ、気をつけよう」と思い出しやすくなり、ミスが減ります。

「ミス専用のノートを作るのなんて面倒だ」と思う方もいるかもしれません。そういう方はノートという形式にこだわる必要はありません。要するに、自分が過去にやってしまったミスを分析することで、「傾向と対策」を自分のなかに持てればいいのです。みなさんが自分に合っていると思う方法を工夫するのが、一番いいと思います。

ですが、細かい方法はどうあれ、「ミスを記録し、自分の感情と結びつけて次のミスを防止する仕組みを作り、実践する」ということを徹底しなければ、いつまでたってもミスは減らないものです。

ミスをなくすための「勝者の言い訳」。みなさんも、ぜひ意識してみてください。

裏技力

頭がいい人は

裏技をバカにしない

――正攻法で攻略できなくても、あきらめる必要はない

突然ですが、みなさんは今、とある競技大会に参加しています。大会の主催者から、長さ40センチメートルほどあるこん棒を渡され、「どんな方法でもいいから、このこん棒を一番遠くに飛ばした人が勝ちだ」といわれました。

このとき、みなさんは一体どんな投げ方を選ぶでしょうか。

野球でいうところの、オーバースロー（上手投げ）にサイドスロー（横手投げ）、アンダースロー（下手投げ）といった投げ方を思いつくかもしれません。あるいは、ハンマー投げをマネして、全身をぐるぐる回転させながら放り投げるのもいいかもしれませんね。これなら遠心力の力で飛距離が伸びそうです。しかしながら、いずれも、せいぜい10メートルか数十メートルが関の山でしょう。

ちなみに、この競技は実在します。パラリンピックに「長さ約40センチメートル、重さ

397グラムのこん棒」を投げて飛距離を競う「こん棒投げ」という陸上種目があり、その世界記録は28・74メートル。2021年の東京パラリンピックで出た記録ですが、やはり30メートルに届きません。

けれど、「どんな方法でもいいから、こん棒を遠くに飛ばす」と聞いて、自分の肉体に頼らない方法を考えた方も、おそらくいらっしゃるでしょう。

長くて丈夫なゴムを使って弓矢のように飛ばしたり、太い筒と発火装置を使って大砲のように飛ばしたりできないか、などと。パラリンピックならルール違反かもしれませんが、冒頭の「とある競技大会」では、主催者が「どんな方法でもいい」といっていますから、問題ありません。

こういうことに気づける人というのは、やっぱり頭がよくて、受験においても成功しやすいものです。

臆することなく、テクニックの矢を放て！

言葉を換えれば、受験テクニックを躊躇《ちゅうちょ》なく使えるか、ということです。『ドラゴン桜』で、桜木先生はこう説明していました。

テクニック……
東大の問題は個性的とはいぇ王道の問題
実力が十分ならテクニックなしで解くことができる
けれどもテクニックを駆使したほうが効率よく点が取れるのは間違いない事実
テクニックを使う奴は要領がいいだけとか本物じゃないとか
批判を浴びせる奴らがいるが…

『ドラゴン桜』第10巻・91限目「槍と弓矢」

だからって知ったことじゃない勝手に言ってればいいんだ
アオオオオオ
そんな見当違いな批判はテクニックも使えない奴の負け犬の遠《とお》吠《ぼ》え痛くも痒《かゆ》くもない
テクニックを使っても合格は合格!
誰からも文句つけられる筋合いはねえ

テクニックを使うか使わないかは槍《やり》を投げるか弓矢を使うかの違いでしかない
槍投げか弓矢……?
そうだ
槍投げの時は肉体のみ
その人の持つ肉体能力だけで…

『ドラゴン桜』第10巻・91限目「槍と弓矢」

槍を遠くまで
飛ばそうと
している
一方　弓矢では
弓という道具を
用いて
キリ
キリ
キリ

矢を遠くまで放つ
槍でも矢でも合格という的を狙うのは同じ
道具を使うか使わないのか
これは個人の好み価値観による
どんな思考法をしても受験では自由
槍の人が弓矢の人を卑《ひ》怯《きょう》という非難は当てはまらない

『ドラゴン桜』第10巻・91限目「槍と弓矢」

そして、桜木先生は、こう喝破します。

「臆することなく合戦で天下一のテクニックの矢を放て!!」

「そして東大合格の的を射ろ!!」

こんな考え方に、抵抗を感じる方もいらっしゃるかもしれません。

ただし、このシーンは、高校3年生の夏休み中盤をすぎたころ。受験本番が近づいてくる時期です。それまで桜木先生は、水野と矢島に、基礎力の底上げを徹底させていました。

受験勉強のゴールは、あくまで志望校に合格することです。**どんなに勉強して実力がついたとしても、合格できなければ、受験勉強としては失敗**です。受験勉強を通じて、思考力が高まったり、教養が身についたりするのは、喜ばしいことです。けれど、合格をつかまなければ、手に入らないものも確実にあります。それらを手に入れたいなら、どんなテクニックや裏技を使ってでも合格を目指すべきではないでしょうか。

本文を読むまでもない「5択問題」

例えば、国語の文章題に複数の選択肢から「正しいもの」を選ぶという設問がよくあります。例えば、左ページのような「5択」、どれが正解だと思われますか？

問　傍線部Cの「苦しげな微笑」とあるが、その説明として最も適当なものを、次の①〜⑤のうちから一つ選べ。（98年センター追試問題・小説　問5）

①倉子は、年夫の愛を信じながらも、彼が戦争の悲惨な傷跡のせいで他人を愛せなくなったことを感じ取ってしまった。そのために、彼女は彼に対してどのように応じてよいかためらっている。倉子のそのためらいの気持ちが「苦しげな微笑」となって現れた。

②年夫は、倉子の苦しみとのふれあいを求めながらも、それを断念して彼女の期待を裏切ることになった。だが、彼は戦争の傷跡の深さを思うと、それをどうすることもできないと感じている。そのような年夫に対する倉子の複雑な心情が「苦しげな微笑」となって現れた。

③倉子は、戦争のもたらした苦しみから抜け出すきっかけとして、年夫との新しい意味をもつ生活を期待した。だが、彼は急に態度を変えてしまった。倉子の「苦しげな微笑」は、彼の態度をどう理解してよいのかわからずに苦しんでいる様子を表している。

④年夫の再三にわたる誘いに対して、倉子は長いためらいの末、ようやく戦後の自分の生存を彼との新しい生活に託そうと思い立った。しかし、その矢先に彼から断念の意志を告げられた。倉子の「苦しげな微笑」は、彼女の呆然《ぼうぜん》となった様子を表している。

⑤年夫は、倉子からの応答を待ち切れず、ついに別れを告げた。これに対し、彼女は、ためらいながらも彼と新しい生活に踏み出そうと決断していたので、別れを告げられたときにはその決断が既に遅いことを知った。倉子の「苦しげな微笑」は、彼女のそのような苦い思いを表している。

そうです…
そこには問題しか
ありません
つうか…
本文は？
ないと問題解けねえよ
本文は
必要ありません
必要ない？
どういうこと？

『ドラゴン桜』第13巻・118限目「物指し一本」

なぜなら…
この問題文を読むだけで
答えがわかるからです
でいる様子を表して
夫の再三にわたる誘
自分の生存を彼との
に彼から断念の意志を
となった様子を表してい
⑤年夫は、倉子からの応答
彼女は、ためらいなが
別れを告げられたとき
な微笑」は、彼
ええ!?

『ドラゴン桜』第13巻・118限目「物指し一本」

どれが正解かは、問題の本文を読むまでもなくわかると、芥山先生は断言します。

この問題は、1998年に実施されたセンター試験（現在の大学入学共通テスト）の追試で、実際に出題された問題です。「傍線部の『苦しげな微笑』の説明」として5つの選択肢があり、「最も適当なもの」を選びます。芥山先生の解説によると、5つの選択肢のキーワードは、それぞれ次の通りです。どれが正解なのでしょう。

①　ためらいの気持ち
②　複雑な心情
③　苦しんでいる様子
④　呆然となった様子
⑤　苦い思い

問題を出した人の気持ちを想像する

ヒントは「問題作成者の立場」を想像すること。そんなアドバイスを芥山先生からもらって、水野と矢島が挑戦します。

そうだな…
ええと…
②の複雑ってのはいい加減だな…
①は「ためらいの気
②は「複雑な心情」。
③は「苦しんで
曖昧《あいまい》でごまかしてる感じだ
では違うと②は…
じゃねえの?他の4つははっきり言ってるし…
そうですか
ところが矢島君の考えは見当違い…
②は「複雑な心情」。
③は「苦しんでいる様子」
この②…「複雑な心情」これが正解——

ええっ!?
どうして!?
先に話したではないですか
作成者は誰もが納得する解答を用意しなければならないと
だから作成者が「こういう意味だ」とはっきりと言い切ってしまうことは大変危険なのです
ましてや小説からの出題です
登場人物の感情など読む人によって少しずつ感じ方が違うから一つに決めると反論されます

『ドラゴン桜』第13巻・119限目「召使いになれ!」

①は「ためらいの気持ち」。
②は「複雑な心情」。
③は「苦しんでいる様子」。
④は「呆然となった様子」。
⑤は「苦い思い」。
だから当たり障りのない無難でどうとでも取れる表現にしておくのです
「複雑な心情」というように…
はぁなるほど…
それで②なのかぁ…
「ためらい」…「苦しんでる」…
「呆然」…「苦い思い」このようにはっきり断定している表現はすべて不正解

だから設問を読むだけで簡単に答えが見つけられると言ったのです
へえ！そんなふうになってたのね
聞けば本当にどうってことねえな
小説家の立場にたてば当然です「苦しげな微笑」という表現をなぜ使ったのか？ためらいの気持ちであればためらいと書くはずです
「苦しげな微笑」と書くのは思わせぶりなのではなくそうとしか表現できないから……ためらいや呆然などは近くても違う表現なのです

『ドラゴン桜』第13巻・119限目「召使いになれ!」

つまり、国語の文章題で、複数の選択肢から「正しいもの」を選ぶという問題の場合、**「曖昧な言葉遣いの選択肢」が正解になりやすい**。逆に、**「断定した言葉遣いの選択肢」は不正解になりやすい**。

ですから、先の問題の答えは2番目の「複雑な心情」です。複雑な心情とは、曖昧な表現ですが、曖昧だからこそ「間違い」とはいいきれません。「複雑」というからには、さまざまな感情が含まれているはずで、そこにためらいも、苦しみも、含まれていて不思議ではありませんね。つまり「複雑な感情」という選択肢は、「これは間違っている」と明確に否定するのが難しい選択肢です。逆に、「ためらい」や「苦しみ」などは、はっきりと感情が表現されているだけに、間違いになる可能性が高いというわけです。

国語の文章題の正誤問題では、曖昧な言葉遣いの選択肢が「正」になりやすい。これは、受験生ならば誰でも覚えておいて損がないテクニックのひとつです。

そこまでして手に入れたい「合格」なのか？

ほかにも受験で覚えておくといいテクニックは、いろいろあります。

東大の「自由英作文」では、いろんな場面で汎用的に使える英語の言いまわしを、あらかじめ見つけておくといいという話は、すでにしました。僕のお薦めは、「私の視野を広げてくれる＝It develops my point of view」という言いまわしでした。

なかには、超人的で、万人向けではないテクニックもあります。

僕の友だちに、地理があまり得意でないのに、大学受験の選択科目に地理を選んでしまった人がいます。ちなみに、東大模試で1位になったこともある秀才です。

なんで地理が苦手だったかというと、彼には「地理的思考力」が、決定的に欠けていたからです。地理的思考力とは、どういう思考力かというと、例えば、ある地域について気象条件や主な産業といったデータが示されて、どの地域なのかを当てるといった問題が、地理ではよく出ます。このような問題は、データの「傾向」から、どの地域なのかにアタリをつけ、絞りこんでいくというのが、王道の解き方です。

しかし、このような推理力にも似た「地理的思考力」が、その友だちにはまったくありませんでした。

一方、彼には抜群の記憶力がありました。そこで、なんと地理資料集に載っているあらゆるデータを片っ端から暗記したのです。丸暗記したデータの断片から、「××年の平均気温が×℃ということは、これは××地域のデータに違いない」という具合に、ピンポイントの知識から正解を導き出すという手法で、東大受験を突破したのです。

ここまで極端なやり方になると、テクニックと呼んでいいかも迷います。「裏技」と呼ぶべきかもしれません。けれど、「正攻法では攻略できないものを、なんとかして攻略する」という意味で、彼なりのテクニックだったのだと思います。

もちろん、テクニックや裏技だけでは、東大には合格できませんし、世の中もテクニックと裏技だけで渡っていけるほど、甘くないでしょう。**まずは実力を磨き、正攻法で攻略する努力を尽くすべき**だと思います。

けれど、**正攻法で頑張るだけでは勝てない勝負があって、どうしてもあきらめられない**なら、どうしたらいいのでしょう。

頭がいい人たちは、迷うことなく、テクニックと裏技を駆使します。もちろん、ゲームのルールを隅々まで調べたうえで、です。

合格最低点が取れればいい

僕は、受験生から相談を受ける機会が多いのですが、そのなかでよく聞くのが、こういうタイプの質問です。

「英語と数学は得意ですが、国語が苦手でなかなか伸びません。どのように国語を勉強すればいいでしょうか」

この質問に対する回答は、その人が置かれた状況によって異なります。

例えば、志望校の試験科目が英国数の3科目で300点満点、合格点は160点だとしましょう。

極端な話をすれば、この場合、英語と数学の合計で160点を取れるのであれば、国語を頑張る必要はありません。だって国語ができなくたって合格できるんですから。合格最低点さえクリアできればいいわけです。

もしも、英語と数学ではどうしても合計110点しか取れず、あと50点は国語で取らなければならないのであれば、当たり前に国語を勉強する必要が出てきます。けれど、それだって50点でいいんです。100点はもちろん、80点、70点を狙う必要もありません。

受験はしょせん受験。されど受験、です。

受験生の目標は、漠然と「高い点を取る」ことではありません。「合格最低点をクリアして合格する」ことです。合格最低点までの道のりには、表の道だけでなく「裏道」も「抜け道」もあります。それらも視野に入れて、戦略的に努力する。この合格は自分にとって「そこまでしてでも手に入れたい合格」なのだと自覚する。このような「メタ認知」の能力も、頭がいい人に共通する特徴で、のちほど解説します。

元気力

頭がいい人は

「やる気スイッチ」を持っている

――「努力の天才」は意外にズボラ。「続く仕組み」を作っている

頭がいい人というのは、なんだかんだいっても、ちゃんと勉強しています。努力なんてしていないように見せていたって、こっそり努力していたりするものです。

そうやって一生懸命に勉強している人や、実は勤勉な人の姿を目の当たりにしたとき、「自分にそんな努力を続ける能力はない」「努力が続くかどうかも、才能じゃん！」と思って、やる気を失ってしまう人も多いのではないでしょうか。僕も偏差値が低いときはそう思っていたなあと思います。

でも、そうではないんです。

東大に合格するために毎日10時間勉強していたなんていう人も、僕はたくさん見てきましたが、その人たちも、天性の才能によって勤勉になっているというわけではありません。

「努力の天才」なんて呼ばれたりする人も、朝は眠いし、やりたくない日だってあるのです。

実際に付き合ってみると、案外ズボラな一面を見せてくれることもあります。

努力を続ける「才能」なんてものはないんです。

じゃあ一体、何が違うのか？　それは「技術」の問題です。**努力し続けられる人というのは「努力を続ける技術」を知っていて、自分のなかにしっかり持っているのです**。それを「やる気スイッチ」と言い換えてもいいでしょう。

今回は、僕が頭のいい人を観察するなかで見つけた「努力を続ける技術＝やる気スイッチ」を3つ紹介したいと思います。

最初は**「ちょっと残し効果」**です。

丸付けを、あえて翌日の朝にまわす

勉強や仕事は、ゼロからスタートするときが一番大変です。

例えば朝起きてすぐに「さあ！　勉強だ！」ってならないですよね。「眠い！」「やりたくない！」「学校に行きたくない！」って思った経験、みなさんもあるのではないでしょうか。物事はなんでもやりはじめが一番大変なものです。

そこでお勧めなのが「ちょっと残し」です。前日に仕事や勉強を「区切りのいいところ」まで終わらせず、ちょっとだけ「続き」を残しておいて、翌日、その「続き」から始めるというやり方です。

僕は受験生のとき、数学や英語の問題を前日の夜に解くと、そのままベッドに入っていました。丸付けをせずにそのままにして眠るのです。

ボールを転がすように、スタートを切る

そうすると朝になって「昨日のあの問題、合っていたのかなあ」と気になりますよね。丸付けなんてそんなに時間のかかる大変なものでもありませんから、それだけはやろうという気になります。そして、間違っている問題があったら「これ、なんで間違えたんだ?」「あれ、なんで自分はこう答えたんだ?」と気になります。そうすると「じゃあ解説を読もう」「参考書に戻ろう」と、そのまま勉強を続けられるわけです。逆に、全問正解だったら全問正解だったで「よっしゃ! 幸先がいい! このまま頑張ろう!」と、その勢いのまま一日頑張れるわけです。

「ちょっと残し効果」は、『ドラゴン桜』でも紹介されています。

そこでほんの少しだが負担が軽くなる過去問勉強法を教えよう
その秘《ひ》訣《けつ》は
「一日に最後まで解くな」だ
一日に…
最後まで解くな?
そうだ
具体的なやり方は…

『ドラゴン桜』第20巻・184限目「東大過去問対策術」

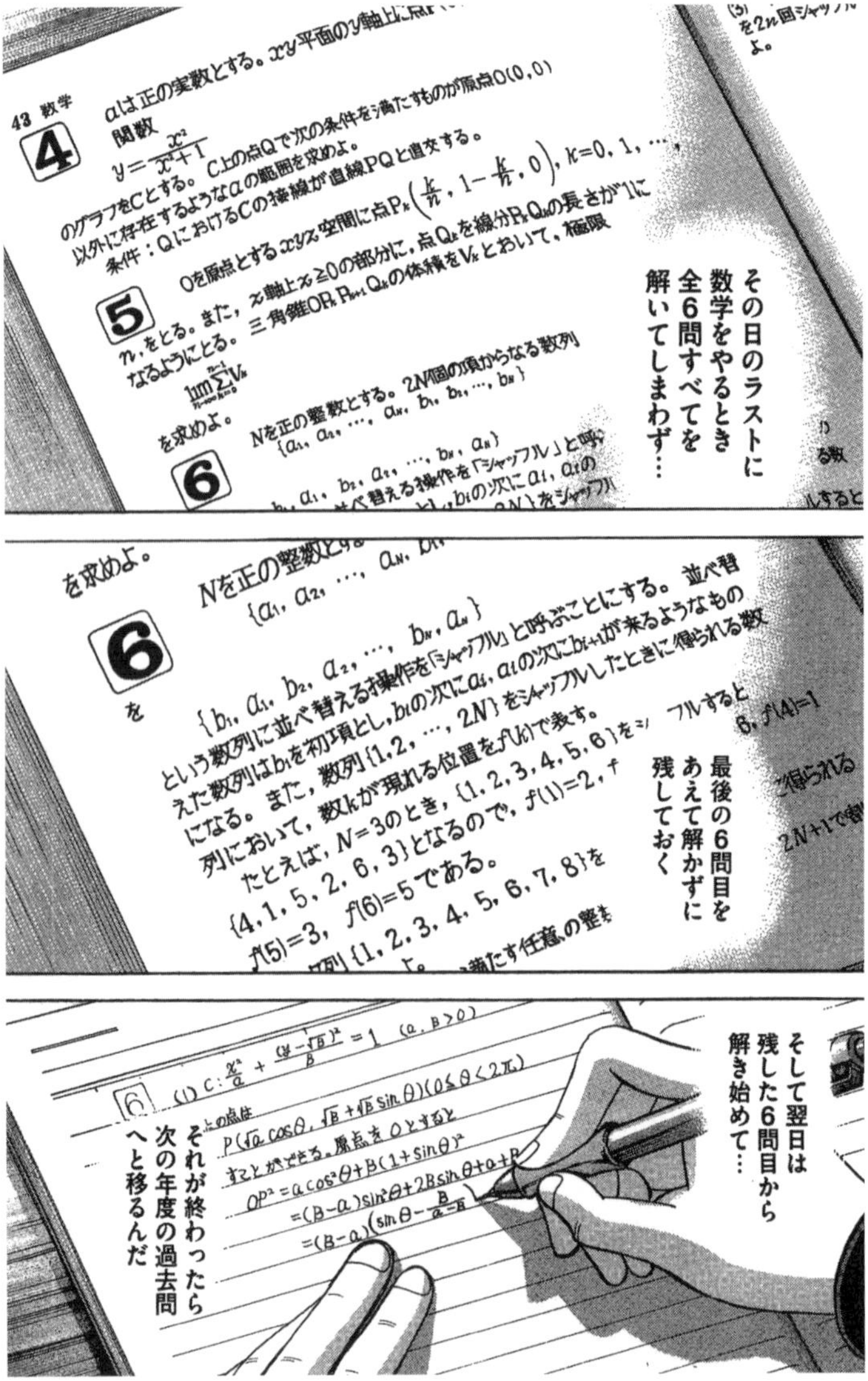
その日のラストに数学をやるとき全6問すべてを解いてしまわず…
最後の6問目をあえて解かずに残しておく
そして翌日は残した6問目から解き始めて…
それが終わったら次の年度の過去問へと移るんだ

するとスムーズに一日のスタートが切れていい過去問勉強のサイクルが生まれる
へえ…
すごくシンプルな秘訣だな
2日間の試験をたった一日で解くのはすごく大変だ
毎朝モチベーションをかなり上げないとスタートできない
初めのうちは上手《うま》くいくかもしれないが…
毎日連続してやろうとすると肉体的にも精神的にももたない
でも…まず1問解くだけならリラックスして始められる
全速力やフルパワーは失敗に繋《つな》がりやすい

『ドラゴン桜』第20巻・184限目「東大過去問対策術」

人は仕事でも何でもきっちり終わらせようとしがちだが…これは効率の悪いエネルギーの使い方だ
少しだけ残して翌日そこから始める…これが余計なストレスを溜めずに物事を円滑に進める秘訣《ひけつ》だ
これを守って過去問を解くだけでより高い効果が得られるはず
じゃ 早速やってみるか
そうだね 良さそうなことは何でも試してみよ

『ドラゴン桜』第20巻・184限目「東大過去問対策術」

ボールを転がすとき、最初にある程度の力が入っていれば、ボールはそのまま自然に転がっていきますが、最初の力が弱いと転がっていってくれません。ましてボールに触れもしないようでは、転がりようがありませんよね。

それと同じで、やはり一番肝心なのは「最初の一歩」です。だからこそ**最初の一歩に着手するハードルを下げることで、その後に勢いをつける**ということが大事なのです。

「他人の視線」で、自分を縛る

2番目の「やる気スイッチ」は、「他人の視線がある場所で努力する」ということです。

みなさんは勉強や仕事に集中したいとき、誰も見ていない個室などで頑張ろうとしていませんか？　一人きりの空間のほうが集中できるとおっしゃる方は多くて、そういう場面も確かにあるかもしれません。

しかし、**努力を継続するとなった場合、誰かに見られている場所のほうがいい**ことが結構あります。「サボったら誰かが見ているかもしれない」「他人に怠けていると思われたくない」という意識は、人間をいい意味で縛ってくれます。例えば喫茶店で勉強しているようなとき、「今ここで寝ていたら、隣の奴から怪訝《けげん》な目で見られるかも」という意識が働くと、それだけでも長時間頑張るモチベーションになります。

喫茶店まで行かずとも、例えば家で勉強や仕事をするときに、自室からリビングに移ってみるというのもいいと思います。

東大生が「リビング」で勉強する理由

『ドラゴン桜2』に「東大合格必勝法 家庭の10カ条」が出てきます。ドラマ（日曜劇場「ドラゴン桜」）でも使われ、受験生の家庭などで話題になった10カ条です。

このうちの6番目に「リビングはいつでも片付けておくこと」という項目があります。10カ条のなかでも、特に「なぜ？」と思われる方が多い項目ですが、なぜかというと、リビングがいつもきれいであることで、受験生が「リビングで勉強する」という選択肢を持てるからです。

自分の部屋で勉強していて煮詰まったとき、リビングに移動して勉強していたという東大生って、意外と多いです。確かに**ちょっと集中力が切れてきたときに「場所を変える」というのはいい選択肢**で、そこに「他人の視線」があると緊張感も高まります。僕もやっていました。

東大合格必勝法
家庭の10ヵ条
1　一緒に朝ご飯を食べること
2　何か一つでも家事をさせること
3　適度に運動させること
4　毎日同じ時間に風呂に入らせること
5　体調が悪いときは無理させず、休ませること
6　リビングはいつでも片付けておくこと
7　勉強に口出しをしないこと
8　夫婦仲を良くすること
9　月に一度家族で外食すること
10　この10ヵ条を父親と共有すること

『ドラゴン桜2』第5巻・37限目「家庭の10カ条」

では最後、3番目の「やる気スイッチ」は、**「自分の成長を、自分で確認する」**です。

人間は、自分の成長を実感すると、どんどん前に進んでいくことができます。

『ドラゴン桜』に、桜木先生が、テストを前に不安になっている水野と矢島に、語りかけるシーンがあります。

「今の自分の力は偽物かも」という不安

水野と矢島が不安になっているのは、「今の自分の力はただの見せかけ」で、「本物の実力じゃない」と思っているからではないかと、桜木先生は2人に尋ねます。

確かに、2人の成績は上がっていました。けれど、それは桜木先生や、国語の芥山先生、理科の阿院先生、英語の川口先生、数学の柳先生など、そうそうたる顔触れの特別講師から、数々の受験テクニックを教わったからであって、「自分の実力」が上がったわけではない気がする。特別講師の先生たちの支えがなくなったら、どうなってしまうのだろうか。いつかどこかで、化けの皮がはがれて、ボロが出るんじゃないだろうか――。

そういう不安があるのではないかと尋ねる桜木先生に、その通りだと、水野は答えます。

そんな2人の不安を吹き飛ばしたのが、桜木先生のこの一言です。

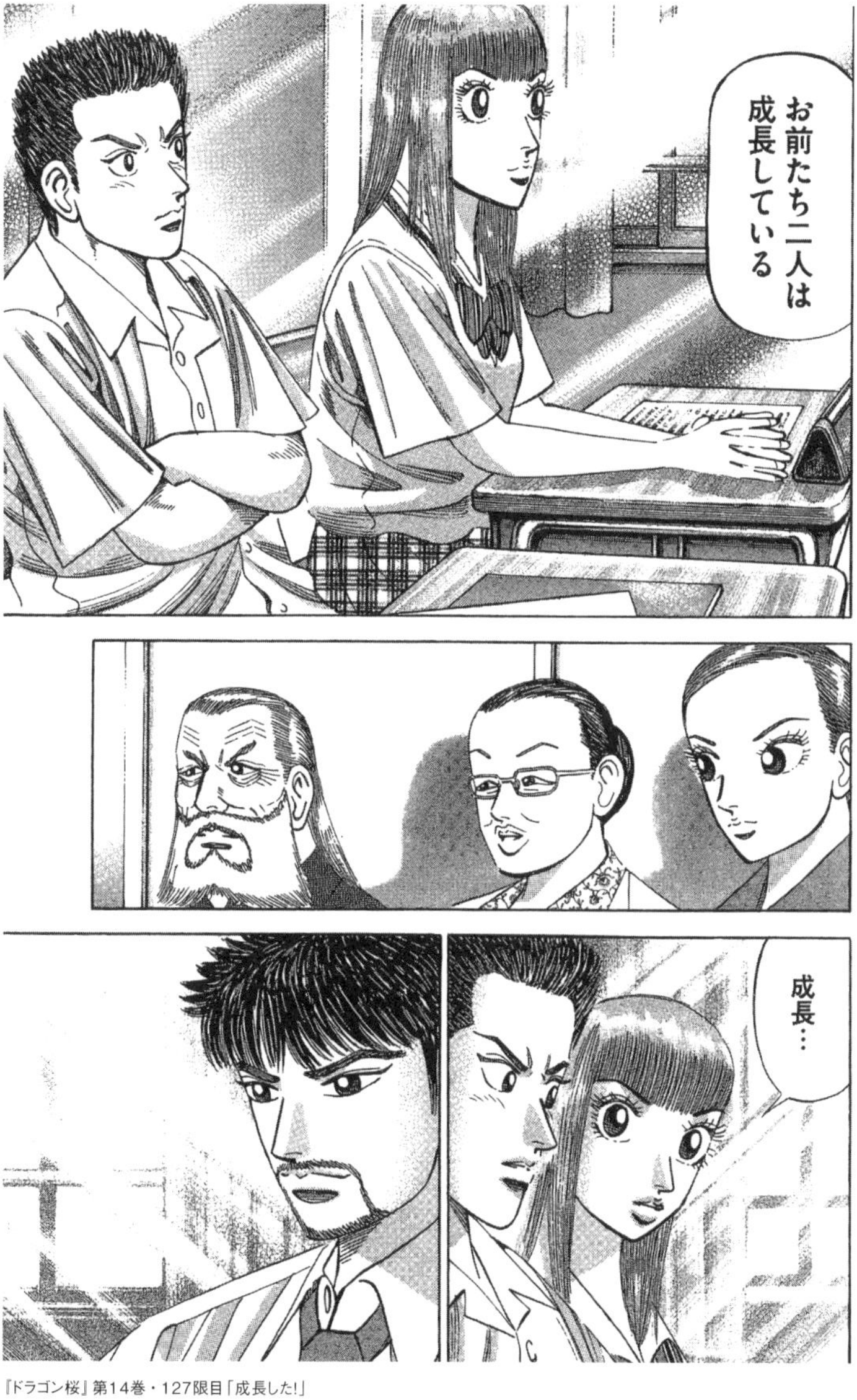
お前たち二人は
成長している
成長…

『ドラゴン桜』第14巻・127限目「成長した!」

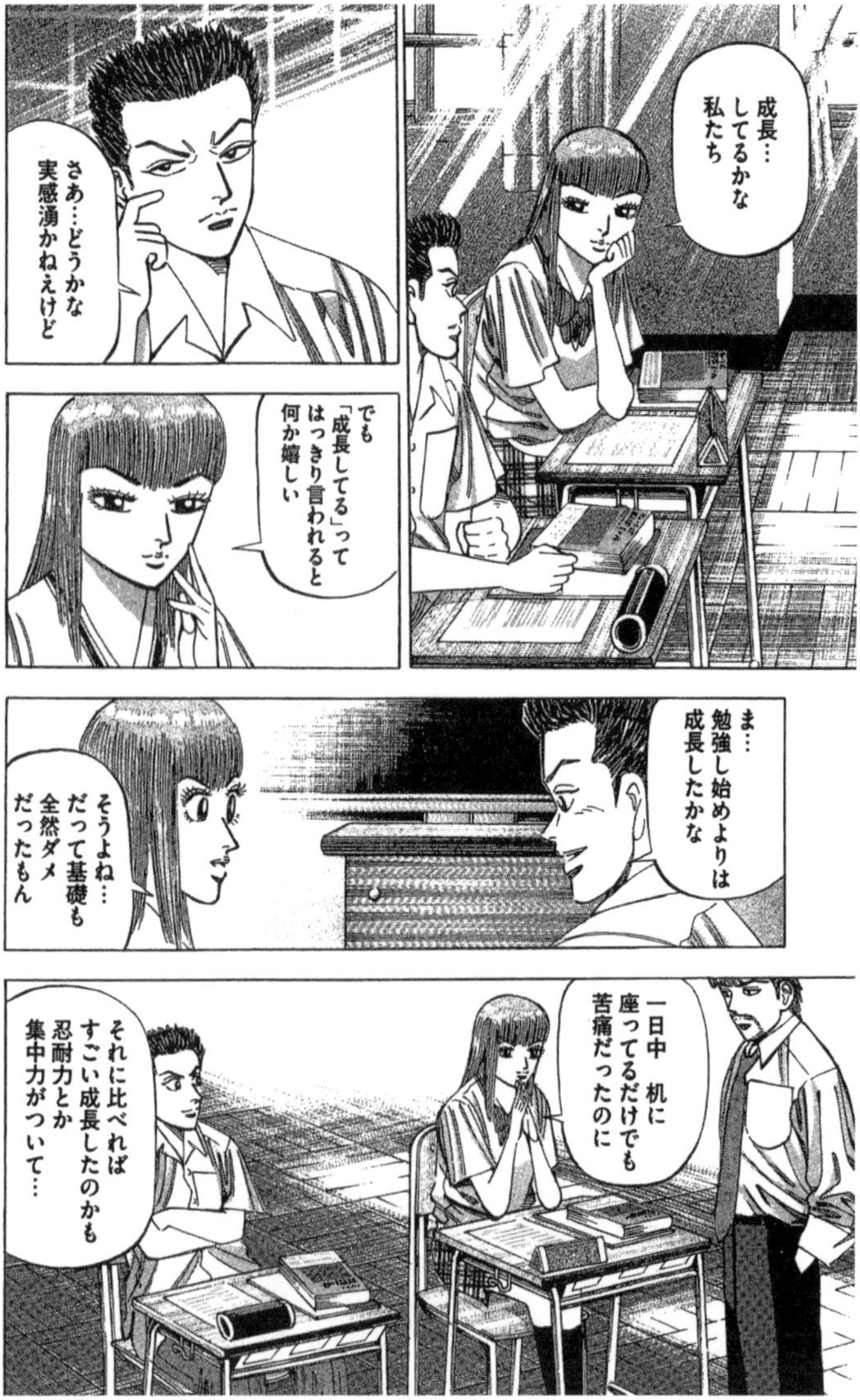
成長…してるかな私たち
さあ…どうかな実感湧かねえけど
でも「成長してる」ってはっきり言われると何か嬉しい
ま…勉強し始めよりは成長したかな
そうよね…だって基礎も全然ダメだったもん
一日中 机に座ってるだけでも苦痛だったのに
それに比べればすごい成長したのかも忍耐力とか集中力がついて…

何より目標に向かってこんなに頑張れる自分がすごく驚き…
ちょっと自分をホメてもいいかな
他人から指摘されると大きく意識が変わるのだな
二人とも思い返してみればちゃんと成長してることを自覚できたろ
うん…

『ドラゴン桜』第14巻・127限目「成長した!」

お前たちは成長している——。努力しても努力しても不安になる。そんな僕らの気持ちを変える言葉は「成長している」です。**今やっていることに意味がないと感じると、人は「こんなことやっても意味ない」「やりたくない」と思ってしまいます。**

だからこそ、**過去に努力した結果が、今に表れてきているという実感を持つことは非常に重要で、努力を継続させてくれます。**自分の成長を実感できると、「今までの努力はムダになっていない」という確信が得られて、元気になれます。

「他人から指摘されると大きく意識が変わる」という、柳先生の指摘はその通りで、親や先生など第三者から「成長している」といってもらえれば一番です。

けれど、誰かがいってくれなくても、自分で自分の成長を認めてあげられるようになれたら、もっといいですよね。

進捗管理で、モチベーションを高める

「今日は70点だった」という結果をどう見るかは、人それぞれですが、「昨日は60点だった」とか「1カ月前は60点だった」とか、過去の自分と比べて、どこかしら「成長がある」と捉えられれば、やる気が湧いてきます。「今日は70点だった」が「明日は80点取れるかも

しれない」になり、「このままいけば100点だって取れるかもしれない」というモチベーションに変わっていきます。

だからこそ必要なのは、進捗の管理です。「進捗管理」とは、「今、自分がやっていることを、あとどれくらい頑張って継続すれば、ゴールに到達するか」を知ることです。

例えば、「ToDoリストを作って、「ここまではできた」「あとこれだけやれば、全部が終わる」と確認する。あるいは、勉強の予定と実績を手帳に記録して、予定通りにできているかどうかをチェックする。過去問を解いて、今の自分の到達点を確かめるのも、ある種の進捗管理で、進捗管理にはいろいろあります。

東大生を観察しているとみな、自分なりの進捗管理の方法を工夫していることに気づきます。進捗を確認することで、自分の前進と成長を実感し、やる気に変えているのです。

人生には「やりたくないこと」があふれていて、「やりたくない」と思ってしまうのは、変えようのないことです。けれど「やりたくない」と思いながらも、なんとかやりはじめて、継続させるための工夫というのは、いくらでもあります。今回紹介した3つの「やる気スイッチ」は、僕の個人的なお勧めで、数ある工夫のほんの一部にすぎません。

みなさんは「最初の一歩」を踏み出し、歩き続けるために、どんな工夫をされているでしょうか。自分らしいやり方で、頑張っていきたいですね。

素直力

頭がいい人は

批判を歓迎する

――他人の批判を受け入れることは、家庭教師を雇うようなもの

「あなたは○○だから、そういうところは直したほうがいいよ」などと誰かにいわれたとき、みなさんはどのように感じるでしょうか。そして、どう反応するでしょうか。

「そんなことない！」と思って、少しムッとしてしまうかもしれません。「お前だって、できてないじゃないか！」と思って、「お前がいうな！」と返してしまうこともあるかもしれません。自分の欠点を否定したい気持ちが先走って、相手のいっていることを勘違いしたり、ねじまげて捉えてしまったりすることも、よくあります。**人は誰しも、他人からの指摘を素直に受け入れにくいもの**で、当たり前のことだと思います。

しかし、東大生は必ずしもそうではありません。他人の指摘や批判をわりと素直に受け入れる人が多いように、僕は感じます。なぜでしょうか。

その答えのヒントを『ドラゴン桜』に見つけました。

俺が決めたことに黙って従え
何よ その横暴な言い方
俺らも自分で勉強をし始めてんだから俺らの意見も聞けよ
意見を聞けだとふざけたこと言ってんじゃねえぞ
ガキと大人で話し合いなんて成立する訳《わけ》がねえ
何だと！

『ドラゴン桜』第18巻・159限目「期末試験」

大人を利用しろ
知るか…
やってみなきゃ損するぞ
え…
経験から得た貴重な知識を聞かせたんだ
そのまま活かせば手っ取り早く得できる

『ドラゴン桜』第18巻・159限目「期末試験」

東大に合格したいなら、「俺が決めたことに黙って従え」という桜木先生。反発する水野と矢島に、「なぜ従うべきなのか」を説明しました。それは、大人である自分のほうが「経験」があるからという理由です。**「大人を利用する」くらいの気持ちで、大人のいうことに従えばいいじゃないか**、と。

ここに、東大生が他人の指摘や批判に対して素直である理由の一端がある気がします。

他人の経験を、自分の力に変える

まず、誰かから指摘や批判を受けるときの「誰か」というのは、自分よりも年長であることが多いと思います。そして年長者からのアドバイスには、無条件に耳を傾けるべき理由があります。**どんなに頭がいい人でも、若いということは、経験してきたことの量において年長者に敵わない**というのは、桜木先生が指摘する通りです。

自分より経験を多く積んでいる人のいうことは、ひとまず聞いておいて損はありません。経験豊富な人のアドバイスをうまく利用して、ほかの人の経験を自分の力に変えていくのが、本当に頭がいい人のやり方です。

しかし、こんな反論もありそうです。

「いくら経験があっても、間違うことはある。年長者の指摘や批判が間違っているかもしれないじゃないか」

確かにその通りだと思います。完璧な人間など一人もいませんから、どんな人の指摘であっても絶対ではありえません。けれど、ここで頭がいい人はこう考えます。

「内容の適否はどうであれ、この人が自分の言動に至らぬところを見出し、指摘したという事実は間違いなく存在する」

これはつまり、誰かが「あなたは○○だから、そういうところは直したほうがいいよ」といったとしたら、この人が「僕」には「○○なところがある」と認識したことは事実だし、それを「直したほうがいい」と思って、わざわざ「僕」に「伝えよう」と決意したことも、それ自体は揺るがぬ事実だ、ということです。

その事実を受け入れれば、たとえ相手の認識が間違えていたとしても、「なぜ、僕はこのような指摘を受けるに至ったのか」という自省につなげることができます。

僕も以前、とある人から「西岡くんは、怒られたときに不貞腐れているみたいで、態度が悪い。直したほうがいいよ」といわれたことがありました。この指摘を受けたときは、とても驚きました。なぜなら、僕には「不貞腐れている」つもりも、「態度が悪い」という自覚もまったくなかったからです。

ただ、よく考えると「おそらくこういうことではないか」という気がしてきました。

東大生に学んだ「あえて誤解を解かない賢さ」

僕は、怒られると、強く反応してしまうタイプです。「なぜ怒られるようなことになってしまったのか。どこでミスをしたのだろう。どうすれば改善できるだろう」などと、あれこれ考えこんでしまいます。そのため、謝罪をする以前に沈黙してしまうのです。そんな様子が、傍から見ると「不貞腐れている」ようで「態度が悪い」と映ったのだろう、と。

高校生までの僕だったら、間違いなく「それは、あなたの勘違いです！」と、拒否反応を示していたと思います。

けれど、このときはもう大学生になっていて、何も反論しませんでした。

東大生の素直さに学ぶなら、「僕は不貞腐れているわけでも、態度が悪いわけでもないんです。反省して沈黙してしまうだけなんです」と反論することには意味がありません。

なぜなら、僕の姿が、他人の目に「不貞腐れているみたいで、態度が悪く見えた」ことは紛れもない事実です。そして不貞腐れているように見えるよりは、見えないほうがいいに決まっています。そこで僕がすべきことは「次に誰かに怒られたときに、不貞腐れて態度が悪いと見られないようにするには、どうしたらいいか」を考え、実行に移すことです。「誤解されたままでいいのか」と思う人もいるかもしれません。「不貞腐れているように見えた」ことは反省するとしても、「不貞腐れていたわけではない」ことは、きちんと主張しておいたほうがいいのではないかという考え方です。

その誤解はあえて解かなくていいと思います。ここは細かいことのようで、大事な違いで、指摘を受けた場で反論しないというのは、円滑なコミュニケーションを図るうえでとても重要なことです。相手がよかれと思ってした指摘をしっかりと受け入れることで、「この人はちゃんと話を聞く人だ」と思ってもらえます。

ここで拒否反応を示し、「自分は間違っていない」と主張したり、露骨に態度に表したりした場合、「もうこの人には何をいってもムダだ」と思われる可能性があります。なかには「そう思われるなら、そう思われていい」「むしろ、これから余計な小言をいわれずに済むからいい」と考える人もいるかもしれませんが、もったいないことです。そうなれば、自分一人では気づけない自分の改善点を修正するきっかけを未来永劫、失うかもしれないのです。

「自己啓発書」より「他人の小言」

指摘した人の立場に立って考えれば、**そもそも他人に何かを直すよう注意することには、ほとんどメリットがありません**。欠点の目立つ人とは付き合わないのがラクで、よほどの必要性がないかぎり、わざわざ他人の欠点を指摘して、ことを荒立てるなんてことはしたくないものです。そう考えると、「あなたは○○だから、直したほうがいい」といってくれる人が周りにいること自体、かなり恵まれているともいえます。

自分を高めるために自己啓発書を買う人もいます。けれど、本というのはしょせん不特定多数に向けて書かれたものです。本のなかに数多く並べられた「できたほうがいいこと」のなかから、「自分ができていないこと」を見つけなければ、自分を高めることはできません。それよりも、自分のことを近くで見てくれている誰かが、ピンポイントで「あなたが改善すべきところ」を教えてくれるほうが、ずっと手っ取り早くて、的確で、これほどありがたいことはないと思いませんか？

勉強でも同じです。家庭教師のように、自分の勉強を近くで見ていて、問題点をピンポイントで指摘してくれる人がいたほうが成績は伸びやすいですし、そういう人の指摘を素直に受け入れる人のほうが成績は伸びます。

東大生が素直なのは、勉強を通じて、他人から指摘や批判を受けることのありがたさを感じてきたからなのかもしれません。

頭がいい人は

客観力

自分と他人を比較する

――相対評価を受け入れ、「空気を読んだ答え」を出す

みなさんは、東大入試の答案がどのように採点されているかをご存じでしょうか？

東大入試の2次試験は記述式の問題ばかりなので、同じようなことを書いた答案でも、小さな違いから得点に差が出やすいです。受験生にしてみれば、どう採点されるのかを知りたいところですが、東大は採点基準も模範解答も公開していません。東大入試の採点は謎に包まれ、その実情を知ることは、きわめて困難です。

しかし、その謎に迫ろうとする人たちはやはりいて、かなり特殊な方法で採点しているという噂があります。それは、全受験生の答案を広い場所にばーっと並べて、複数の採点官がそれぞれそれを見比べながら、個別の答案を採点していくという方法です。

予備校の「東大模試」であれば、あらかじめ採点基準が決まっています。記述式の解答に、Aという要素が入っていれば5点、Bが入っていれば5点、Cが入っていれば3点……と

いいですか
皆さん!
東大は
いわゆる模範解答を
用意していません!
カリ
カリ
カリ
尋常でなく手間が
かかりますが
各受験生の解答を
見比べて採点して
いるそうです
そうやって
各受験生が持つ
「表現力」を
見定めようとして
いるのです
だから画一的に
「これを書いていれば
何点」とか
「この情報を書いていれば
OK」と考えるのではなく
出題者の意図を読んで
柔軟に問題に対応し
解くことが大切です

『ドラゴン桜2』第16巻・123限目「東大入試問題はこう解け!」

いった具合です。大学入試でも普通はそうだと思います。

けれど、東大入試では、あらかじめ採点基準を決めていないといわれています。採点官の人たちが、「ここまで書けている受験生は多い」「ここを指摘できている人は少ない」などと、その年の受験生の傾向について話し合い、それを踏まえて基準を決めて、採点していくそうなのです。

あくまで噂で、確かなソースがある話ではないのですが、いかにも「東大っぽいな」と感じます。

なぜ「空気を読んだ解答」を求めるのか

ここで僕がお伝えしたいのは、東大の採点には「相対評価」が取り入れられている可能性があるということ。そして**「相対評価を意識しているかどうか」というのもまた、頭がいい人とそうでない人を分けるポイントである**ということです。

『ドラゴン桜2』に、国語の太宰府治《だざいふおさむ》先生と、数学の柳鉄之介先生が、東大の2次試験の対策について、熱く語るシーンがあります。

「みんなができそうな部分の説明は簡潔にしておき必要以上には書かない」

みんなができそうな部分の説明は簡潔にしておき必要以上には書かない
逆にみんなができなさそうな部分は方針や説明をしっかり書く！
無駄な情報を省きメリハリのきいた解答を作ることで……
出題者が深い理解を求めている箇所に多く字数が割ける！
つまり出題者の意図を汲《く》み
「空気を読んだ」解答をせよ！

『ドラゴン桜2』第16巻・123限目「東大入試問題はこう解け!」

「逆にみんなができなさそうな部分は方針や説明をしっかり書く！」

「無駄な情報を省きメリハリのきいた解答を作ることで……」

「出題者が深い理解を求めている箇所に多くの字数が割ける！」

……このような「空気を読んだ解答」こそが、「いい解答」だというわけです。

異論もあろうかと思いますが、相対評価を意識すれば、自然とこうなるでしょう。

相対評価を意識するというのは、他人との比較において、自分を見ること。受験生全体のなかで自分がどこにいて、どう見えるのかを意識するということであり、言い換えれば、「自分を客観的に見る」ということです。想像ではありますが、東大の採点方法が噂通りであるとするなら、「自分を客観的に見る視点」＝「客観力」を問うているといえます。

このような客観力は、社会に出てからも必要なものですよね。

優れた企画書に必要な「客観性」とは何か？

例えばですが、会社で複数の人が、同じ案件に対して企画書を出すとします。このとき、AさんとBさんが上司に提出した企画書には、絶対的な評価基準があるわけではありません。**上司は2つの企画書を見比べたうえで、相対評価によって、その優劣を判断する**でしょう。

とすれば、誰でも思いつきそうなことばかりを書くのでは、高い評価はもらえなさそうですよね。だからといって、常識外れなことばかりを書けばいいわけでもないでしょう。多くの人が気づいている客観的な事実に基づいて、オリジナリティーのある提案がなされているのが、優れた企画書ではないかと思います。

その際に、**多くの人が気づいているようなことは簡潔に書き、オリジナリティーのある部分はしっかりと丁寧に書くべき**、というのが、太宰府先生と柳先生の主張です。

自分が今、考えていることのうち、誰でも思いつきそうなのは、どの部分か。逆に、独自性がありそうなのは、どの部分なのか。そういうことを考えられないと、東大の2次試験は突破できませんし、上司をうならせる企画書も書けないというわけです。

このような「メリハリのきいた記述力」は、もしも東大の2次試験の採点が、僕らが想像するような「相対評価」でなかったとしても、重要です。入学試験というのは結局のところ、受験生に順位をつけて、上から順番に合格にしていくわけです。となると、「ほかの人ができていること」をしっかり押さえたうえで、「ほかの人ができていないところ」で、どれだけ加点を狙えるかの勝負になります。

そこで求められるのが「メタ認知」です。**メタ認知とは、自分自身を客観的に認識して**

いる状態をいいます。それは同時に、自分が周りからどのように見られているのかを認識することでもあります。メタ認知の能力が高くないと、東大をはじめ、記述式の出題が多い難関大学には受かりません。

これだけ聞くと、「なんだ、受験テクニックの話か」と思われるかもしれません。「記述式の出題に対応するのに、メタ認知が必要なのはわかった。けれど、その子の持つ学力とは関係ないんじゃないか」「頭のよさとは、別の話ではないか」と。

さまざまなレベルの「客観視」

けれど、そもそも勉強できるようになるかどうかと、メタ認知ができるかどうかは密接な関係にあります。メタ認知とは、頭のよさの絶対条件だと、僕は思います。

勉強において「自分自身を客観視する」こととは、例えば「自分は何が得意で、何が不得意か」を把握することです。「どの分野が好きで、どの分野が嫌いか」を自覚することもそうですし、もっといえば「自分は、どのような性格の持ち主か」を理解するのも、学力を高めるうえで重要なメタ認知です。

不得意なことを、不得意だと認識して初めて、不得意を克服することができるようになります。勉強における不得意分野とは、ゲームにおける敵キャラのようなもので、克服するには、対策を練って実行する必要があります。そして対策を練るためには情報が必要です。敵の情報も大事ですが、何よりまず、自分の情報です。最終的に到達すべきレベルを知ると同時に、自分が今、どのレベルにあるかを認識していなければなりません。現状を把握しないまま、やみくもに勉強しても、目指すところには近づけないのです。

「自分を客観視する」のにも、さまざまなレベルがあります。

受験生ならば、**同じ受験生という「集団」のなかで、「採点者」の目に「自分」がどう映るか**を、客観視することが必要です。先ほどの企画書のケースであれば、**同じ部署のメンバーとの比較において、「上司」の目に、自分の企画書がどう映るか**を考えるわけで、構造としては、似ています。

社会に出ると、もっと狭い「1対1」の関係性が、重要になる場面が増える気がします。例えば、仕事でメールを送るときには、**自分と相手との関係において、相手に「どう受け取られるのか」を考えて文章を作成する**能力が求められます。これもある種の客観視であり、メタ認知で、仕事を円滑に進めるうえでは重要な能力です。相手の状況に配慮せず、自分本位な形で連絡を入れれば、致命的なミスにもなりかねません。

さらにいえば、自分が登場しない「客観視」というのもあります。要するに「物事を俯瞰して見る」「視野を広く持つ」ということです。
東大の2次試験の問題を例に挙げて、説明したいと思います。これは実際に出題された地理の問題です（2006年度／表現を一部変えています）。

日本は、木材供給量の約8割を輸入している。…中略…木材の輸入量の中では、チップ（木材チップ）の輸入量がきわめて多い。
（1）チップの主な利用目的を、一つ答えよ。
（2）その利用目的のためには、かつては輸入材・国産材ともに、丸太の形で供給されていた。供給形態が丸太からチップに変化した理由を述べよ。

東大の入試問題で読み解く「客観力」

（1）の「利用目的」はピンときた人もいるかもしれません。チップといえば、木材を細かく刻んだもので、「紙の原料（パルプの原料）」として知られていますね。
では、（2）はいかがでしょうか。「紙の原料としての木材は、かつて丸太の形で供給されていたのが、チップで供給されるように変わったのは、なぜか」という問題です。「日本の林業が衰退したから」と考えた方もいるかもしれません。日本の林業が衰退したから、紙の原料となる木材を輸入するようになった。そして、林業が衰退するのに伴い、丸太をチップに加工する工場も減った。だから、輸入しているのではないか、と。

残念ながら、この答えでは○はもらえません。

この問題の答えは、輸入する「日本側の視点」だけで考えていては見えてきません。「輸出する国の事情」を考えて、初めて正解に近づけます。

チップに加工することは、輸出国にとってメリットがあります。まず運送コスト。チップに加工すれば、体積も重量も減って、運送コストが下がります。加えて、チップに加工すれば、丸太よりも付加価値が高くなるというメリットもあります。

ここまで書ければ、部分点はもらえるでしょう。けれど、満点ではないと思います。**この東大入試問題は、さらに「地球規模の客観力」を問う**ています。

現代社会において林業を考えるときには、森林保護の視点が欠かせません。どの国においても、森林保護が重要課題となり、丸太の輸出が規制されるようになりました。そもそも「天然林」の伐採は禁止、制限されていることが多いです。そのなかで、どうやって木材を調達するかというと、成長速度が速い木を植樹し、「人工林」を育てて、調達します。

例えば、オーストラリアでは、日本の製紙関連会社がユーカリやポプラを植樹して木材チップに加工し、日本に輸出しています。これが、二酸化炭素削減の実績にもなります。

このような環境保護にまつわるグローバルな背景にまで言及した解答が作れると、先ほどの問題に満点がもらえる可能性が高まるでしょう。

日本人だと、つい日本の事情にばかり注目しがちですが、相手国の事情にも目を向ける。さらに、世界レベル、地球レベルの視点で課題を捉えなおす。このような地球レベルの「客観力」こそ、難関大学の入試で問われる能力であり、受験生だけでなく、社会人も身につけるべき大事な能力だと思います。

「客観力」は、1人で参考書と向き合い、問題集を解くだけでは身につきません。大切なのは常に「ほかの人はどう考えているんだろう」「どう見ているんだろう」という疑問を持ち、さまざまな方法で調べていくことです。

例えば、模試の結果が出たら、自分の答案と解答例を見比べるだけでなく、採点者による講評もよく読む。ツイッターを検索するというのもなかなかいい方法で、ほかの受験生が自分の解答を載せていたりして、いろんな人の考え方を知るきっかけになります。小さなリサーチの積み重ねから、客観視の能力は伸びていきます。みなさん、ぜひ実践してみてください。

挑戦力

頭が
いい人は

身のほどをわきまえない

――自分の限界ラインを疑い、突破していく

さあ、本書でご紹介する「頭がいい人の条件」も、これが最後のひとつです。

みなさん、入試で結果を出すために一番大切な資質ってなんだと思いますか？

僕は以前、『ドラゴン桜』の作者である三田紀房先生から、こんな質問を受けました。

「西岡くん、**東大に合格するために一番必要な資質**ってなんだと思う？」と。

みなさんは何を思い浮かべるでしょうか？

学力とか記憶力とか集中力とか、そういうものを思い浮かべる人が多いと思います。

ですが、三田先生の答えは違いました。

「それはね、**『東大を受けよう』と思う心**だよ」と。

そんな三田先生の思いが感じられるシーンが『ドラゴン桜』にあります（2003年に連載がスタートした漫画なので、データが少々古いのはお許しください）。

受験生はもちろん世間の人は
東大は日本で一番難しいだから成績も一番の人が受けるところ……こういう単純な思い込みをしている
だからセンター試験で上位のものだけが東大を受ける
そう思っていないか？
違うの？

そういう
間違った認識のせいで
実に多くの受験生が
損な行動をとって
しまっている
損な行動?
多くの受験生が
「東大は難しいし
浪人したく
ないから……
早稲田・慶応を
センターで
受験しよう」と
考える
慶応法学部を
センターで
合格するのに
何パーセント必要か
知ってるか?
え…
何パーセント?

『ドラゴン桜』12巻・110限目「センターは簡単だ!!」

毎年だいたい
90％以上取らないと
合格できない
きゅ…
90％⁉
早稲田の法学部でも
85％が最低ライン
では東大は
慶応　早稲田のさらに上
95％が必要か…
そんなことはない

理科Ⅰ類であれば
800点満点で
2004年の足切り点は609点
76%できれば
いいのだ！
609点…
76%…
つまり慶応・早稲田に
合格する人は
東大の2次を受験
しようと思えばできる
しかもセンターで
85%も取る実力があれば
東大2次を通る確率も
十分ある

『ドラゴン桜』12巻・110限目「センターは簡単だ!!」

センター試験とは、今の大学入学共通テストのことです。センター試験で、慶応大学や早稲田大学に合格できるなら、東大の1次試験は余裕で突破できると、桜木先生は指摘します。さらにいえば、中央大学、明治大学、立教大学に受かる点数がセンター試験で取れるなら、東大の2次試験にチャレンジできるといいます。

つまり、東大入試に挑戦するハードルは、多くの人が思っているほど、高くないのです。けれど、なんとなく「東大だから、難しいに決まっている」という思い込みで、はなからあきらめてしまいます。三田先生は、こうおっしゃいました。

「どんなに頭がよくても、『東大を受けよう』と思わなければ、東大生にはなれない。逆に自分から『東大に行こう』と思えれば、どんな弱さを持つ人でも、可能性はある。最初のその一歩を踏み出すというのがとても大事で、本当に多くの人がやらないことなんだ」

そもそも「東大を受けよう」と思う人って少ないと思いませんか？

僕は高校時代を、東大志望の人が自分以外にいない学校ですごしたので特にそう感じるのかもしれませんが、本当は、もっといろんな学校の、いろんな高校生が、東大を目指せるはずなんです。

桜木先生は、先ほどのセンター試験のデータを踏まえて、志望校選びで妥協してはいけないと語ります。

誰もが志望校を決める際に基準としてしまうある心理的な働きがある…
それは
落ちるのがイヤだから…
受かりそうなところを受ける…
みんな確実なところを狙うの当たり前でしょ
それと東大受験をしない理由とどう関係があんだよ
それは受験勉強を始める前からすでにマイナスから出発しているということだ

『ドラゴン桜』12巻・110限目「センターは簡単だ!!」

東大
京大
早稲田
慶応
立教
そういう人は志望先を上下の序列で考える
垂直思考…
これは 物事を縦軸でしか見ていない つまり垂直思考なのだ
するとつい自分を過小評価して
低い位置で妥協してしまう
受験で大切なのは〝絶対受かる〟というプラスの発想…
慶応 京大 東大 早稲田 立教
つまり志望先を横に並べて比較検討する水平思考なのだ

垂直思考で ここから上は無理と 決めつけず
水平思考で〝受ければすべて受かる〟と信じて まず チャレンジすること
そして 目標達成するため どう対処すべきか 調べて準備する
それが 大きな成功へと つながっていく
まず 挑戦する気持ちが ある
こういうやつにしか チャンスはつかめない ということだ
なるほど…
なんでも最初から 諦めるなってことか
うん…… 水平思考で 東大恐れるに 足らずってね
ああ…

『ドラゴン桜』12巻・110限目「センターは簡単だ!!」

例えば、どんなに野球がうまくても「甲子園に行こう！」と決意するかというと、どうでしょう。それだけのポテンシャルを持つ人の数に比べれば、本気で目指す人は一握りだと思います。どんなに部活に力を入れているといっても、本気で「全国大会で優勝を目指そう！」なんて思う人は少ないのではないでしょうか。

難関校は、目指した時点で半分合格

そもそも目指してもいないから、受からない。

逆に難関校を受けようと思った時点で、多くの人がたどり着けない地平に到達している。

それが入学試験の真実だと思います。

暴論かもしれませんが、難関校の入試とは、目指しはじめた時点で半分合格しているようなものなのです。

これと同じように考えてみると、本当に「頭がいい人」というのは、自分で自分の限界を決めず、自分の意思で前に進んでいける人ではないでしょうか。勇気を持って、高い目標を持って頑張ろうとする人が、真に「頭がいい人」ではないかと僕は思うのです。

高校時代、偏差値35だった僕が、東大を受けようと思ったのは、学校の先生に「東大に行け」といわれたからです。そのとき、先生は僕に、こんな話をされました。

「大人は大抵、一本の線で囲いこまれている。それは『なれま線（＝なれません）』という線だ。」

「幼稚園のころ、お前はいろんなものになりたかったはずだ。それだけじゃない。なろうと思えば、なれると信じていたはずだ。サッカー選手にだってプロ野球選手にだってなれると思っていた。宇宙飛行士にもなれると思っていたし、会社の社長にもなれると思っていた。でも、小学校に上がって中学校に上がって、大きくなるにつれて、どんどん『なれないもの』が増えてきた。サッカーがもっとうまい子はいるからサッカー選手にはなれない。頭が悪いから宇宙飛行士にはなれない。野球選手にも、会社の社長にもなれない。そうやって『なれないもの』がたくさん出てきた」

「『なれないもの』が出てくると、本当はなかったはずの『線』ができてくる。ずっと遠くにあったはずのラインが、そんなものはないと思っていたはずのラインが、大人になると見えてきて、どんどん近づいてくる。それが『なれま線』だ」

「その線は、人間一人ひとりを取り囲み、取り囲まれた人間は、その線を飛び越えて何かをしようとすることができなくなる。その線の内側の狭い領域でしか行動しなくなる」

「でもその線は、幻想なんだ。自分で勝手に、自分の周りに引いているだけの線なんだ。西岡、その線を越えられるような目標を持って、何か本気で頑張ってみろよ」

この話を聞いて、「確かに、そうだ」「自分で自分の限界を勝手に決めていたのではないか」「もしかしたら自分でも何かすごいことができるかもしれない」と思ったんですよね。だから、偏差値35からの東大受験を決意しました。

そして今思うと、本当に先生がいっていた通りだなあって感じるのです。

身のほどを知ることが「頭のよさ」なのか?

確かに、人間にはどこかに限界があって、どんなに頑張ってもできないこととか、自分にはどうしても無理なこともあるかもしれません。そこをよく理解して、身のほどをわきまえた行動をしている人は「頭がいい」ように思えます。

でも、その限界の多くは、自分で勝手に決めつけただけで引いた「なれま線」なんですよね。自分が「ここまで」と思っているからそこまでになってしまって、そこから先に進むことができない。

試してもいないのに、「無理だ」と決めつけてしまっていることって、多いのではないでしょうか。

「身のほどをわきまえた行動」を「頭がいい」というのであれば、「バカ」になったっていいのだと思います。バカになって自分の決めた線を越える。そうすると、痛い目を見たりするかもしれませんが、それで自分の「なれま線」は少し遠ざかり、自由に動ける領域は大きくなっていきます。可動域が大きくなり、そこで成功体験が生まれれば、「なれま線」なんて自然と消えてなくなっていきます。

挑戦もせずに立ち止まり、「ここまでだ」と決めつけた範囲のなかだけで行動していたら、失敗することもないかもしれませんが、成功することも、成長することもありません。大切なのは、**無意識のうちに引いている自分の限界ラインを越えて行動してみること。その積み重ねが、真に「頭がいい人」を作っていく**のではないでしょうか。

今年もまた、受験シーズンが到来し、多くの受験生たちが入学試験にチャレンジして、勝ったり負けたり、笑ったり泣いたりすると思います。

受かる受験生もいれば、落ちる子もいるでしょう。でも、志望校と距離がありながらも頑張って、それでも落ちた子が愚かだったのかといえば、絶対にそんなことはないはずです。自分の限界に挑戦し、懸命に戦う行為は、その先の人生で必ず生きてきます。それこそが、本当に「頭がいい」行為であるはずです。

西岡 壱誠　にしおか いっせい

1996年生まれ。偏差値35から東大を目指すも、2年連続不合格。3年目に勉強法を見直し、偏差値70、東大模試で全国4位になり、東大合格を果たす。東大入学後、人気漫画『ドラゴン桜2』(講談社)に情報提供を行う「ドラゴン桜2 東大生プロジェクトチーム『東龍門』」のプロジェクトリーダーを務め、ドラマ日曜劇場「ドラゴン桜」(TBS系)の監修(東大監修)を担当。2020年に株式会社カルペ・ディエムを設立、代表に就任。東大に逆転合格した経験に基づく教育プロジェクトを、全国20校以上の高校で実施。高校生に思考法・勉強法を教えるほか、教師に指導法のコンサルティングを行っている。『「読む力」と「地頭力」がいっきに身につく　東大読書』(東洋経済新報社)シリーズのほか、『東大メンタル　「ドラゴン桜」に学ぶ やりたくないことでも結果を出す技術』(日経BP)、『それでも僕は東大に合格したかった』(新潮社)など著書多数。

偏差値35から東大に合格してわかった
頭がいい人は○○が違う

2023年06月05日　初版第1刷発行
2023年07月05日　初版第2刷発行

著者……………………西岡 壱誠
漫画……………………三田 紀房(『ドラゴン桜』『ドラゴン桜2』)
企画・編集協力……コルク(佐渡島 庸平、中村 元、岡本 真帆、有森 愛、井上 皓介)
発行者…………………北方 雅人
発行……………………株式会社 日経BP
発売……………………株式会社 日経BPマーケティング
〒105-8308　東京都港区虎ノ門4-3-12
デザイン・DTP………鈴木 大輔・仲條 世菜(ソウルデザイン)
編集……………………小野 田鶴
印刷・製本……………図書印刷

ISBN 978-4-296-20225-6